DATE DUE

07 OCT 2010	
06 DEC 2010	
12 JAN 2011	
DISCARDED	

BRODART, CO. Cat. No. 23-221-003

Orages en fin de journée

Du même auteur
chez le même éditeur

Retrouver Jade, roman, Soulières éditeur, Montréal, 2003.

Chez d'autres éditeurs

L'Univers comme jardin, roman, Éditions du Vermillon, Ottawa, 2002.

La semaine des diamants, roman, éd. du Vermillon, Ottawa, 2001.

Le chien de Shibuya, roman, éd. du Vermillon, Ottawa, 2000.

Le fleuve des grands rêves, roman, éd. du Vermillon, Ottawa, 1999.

Les ailes de lumière, roman, éd. Pierre Tisseyre, Montréal, 1998.

La main du temps, roman, éd. du Vermillon, Ottawa, 1998.

Le jour de la lune, conte, éd. du Vermillon, Ottawa, 1997.

La traversée de la nuit, roman, éd. Pierre Tisseyre, Montréal, 1995.

Le sourire des mondes lointains, roman, éd. Pierre Tisseyre, Montréal, 1995.

Moi, c'est Turquoise, roman, éd. Pierre Tisseyre, Montréal, 1994.

Le secret le mieux gardé, roman, éd. Pierre Tisseyre, Montréal, 1993.

Du jambon d'hippopotame, roman, éd. Pierre Tisseyre, Montréal, 1992.

Le baiser des étoiles, roman, Éd. HMH, Montréal, 1992.

Parlez-moi d'un chat, roman, éd. Pierre Tisseyre, Montréal, 1992.

L'insolite. Les records, nouvelles, éd. FM, Montréal, 1991

Tu peux compter sur moi, roman, éd. Pierre Tisseyre, Montréal, 1990 ((traduction japonaise, 1993).

Site Internet : www.jfsomain.ca

Jean-François Somain

Orages en fin de journée

case postale 36563 – 598, rue Victoria,
Saint-Lambert, Québec J4P 3S8

Soulières éditeur remercie le Conseil des Arts du Canada et la SODEC de l'aide accordée à son programme de publication et reconnaît l'aide financière du gouvernement du Canada par l'entremise du Programme d'Aide au Développement de l'Industrie de l'Édition (PADIÉ) pour ses activités d'édition. Soulières éditeur bénéficie également du Programme de crédit d'impôt pour l'édition de livres – Gestion Sodec – du gouvernement du Québec.

Dépôt légal: 2005
Bibliothèque nationale du Canada
Bibliothèque nationale du Québec

Données de catalogage avant publication (Canada)

Somain, Jean-François

Orages en fin de journée
(Collection Graffiti; 27)

Pour les jeunes de 11 ans et plus.

ISBN 2-89607-22-2

I. Titre. III. Collection.
PS8587.O434O73 2005 jC843'.54 C2004-941644-8
PS9587.O434O73 2005

Illustration de la couverture :
Alexis K. Laflamme

Conception graphique de la couverture :
Annie Pencrec'h

ISBN-2-89607-22-2

58927

1

UN MAUVAIS REPAS

— JEAN-NOËL A DÉCHIRÉ SA CULOTTE, ANNONCE LINDA EN ENTRANT.

SON PÈRE, ANDRÉ, SOUPIRE. COMME s'il n'avait déjà pas assez de problèmes ! Sa carte VISA est pleine à craquer.

— Il s'est accroché sur la pile de bois. Il y avait un clou.

— Tu aurais pu le surveiller un peu mieux. Une culotte neuve !

Linda sent les larmes lui monter aux yeux. Jean-Noël et son frère Martin, des enfants de six et quatre ans, n'arrêtent pas de bouger quand ils jouent. Elle ne peut tout de même pas les attacher.

Jean-Noël exhibe sa déchirure comme une blessure de guerre. Martin s'est machinalement dirigé vers le téléviseur, toujours allumé. Il aime les images.

— C'est quand même ta faute, dit Josette à son mari. Je t'ai dit mille fois de mieux ranger tes planches. S'il y a des clous, c'est dangereux.

— C'est encore pluvieux. Il suffit de faire attention, c'est tout !

— Tu oublies que c'est un enfant. Il aurait pu se crever un œil. Évidemment, tu t'en fous. Pourvu que tes planches soient sèches…

— Tu exagères toujours ! Tu vas lui en acheter, une culotte neuve ?

— Le trou n'est pas si gros. Je la raccommoderai demain.

— Tu ne vas pas travailler ?

Josette est vendeuse à temps partiel dans un supermarché, à Gatineau, trois après-midi par semaine.

— C'est vrai. Bon, je m'en occuperai samedi.

Linda se dit que ce sera encore à elle de le faire. Sa mère oublie tout. Quand ils étaient plus jeunes, il lui arrivait même de changer les couches de ses frères parce que sa mère n'y pensait pas toujours.

— Tu pourrais au moins enlever la planche avec le clou. Ça m'inquiète. Tu as le temps, tu passes toute la journée à ne rien faire.

— Tu le sais bien, ce sont les vacances de la construction. Si j'acceptais un travail, le syndicat me sauterait dessus. Ils ne discutent pas, eux. Ils y vont avec des deux par quatre. L'an dernier, Paul y a goûté, ils lui ont brisé le bras.

André est à son compte, mais le syndicat voit ces choses d'un mauvais œil. Un non-syndiqué qui accepte un travail, c'est un syndiqué qui perd le sien.

— C'est fait pour les gens de la ville, ces règlements. Tu ne devrais pas te laisser faire. Je suis la seule à gagner quelque chose, ici.

— Et tu fais quoi, avec ça ? Tu t'achètes de nouvelles robes.

— Je dois bien m'habiller pour travailler.

Linda en profite pour s'esquiver dans le salon. Pourquoi ses parents sautent-ils sur la moindre occasion pour se chamailler ? Elle s'installe dans le sofa et se met à lire. C'est passionnant ! Son ami Daniel le lui a prêté. Un livre de sa mère, a-t-il expliqué. Il préférait les romans, mais il a pensé que, elle, ça l'intéresserait.

Il est vraiment gentil, Daniel. Surtout depuis deux ou trois semaines. Durant l'année, à l'école, ils ne se fréquentaient pas ; ils étaient dans des classes différentes : il a deux ans de plus qu'elle. Un après-midi, quand elle se trouvait au chalet de sa grand-mère, Daniel était venu avec une dame de la municipalité. Il s'agissait d'un programme de reboisement des rives et on offrait les plants gratuitement. Linda avait accompagné Daniel pendant qu'il creusait les trous, enfonçait les jeunes arbres et lui donnait des conseils pour l'arrosage durant les premières semaines. Ils s'étaient mis à parler de toute sorte de choses et avaient beaucoup sympathisé.

Tout à coup, le bruit perçant d'une tronçonneuse la fait sursauter.

Le voisin, Roméo Deschamps, se fait livrer des camions de troncs d'arbres qu'il débite durant l'été pour les vendre à l'automne comme bois de chauffage.

—Il a le droit de gagner sa vie, marmonne André.

—Pas comme ça. J'ai vérifié. Ici, le zonage l'interdit. C'est résidentiel.

—Tant que les voisins ne se plaignent pas…

—Mais je me plains, moi ! Il nous casse les oreilles toute la journée. Mais ce n'est pas toi qui vas protester.

—Je préfère avoir de bonnes relations avec mes voisins.

—Des fois, il faut s'affirmer, déclare Josette.

Elle aperçoit Linda, enfoncée dans son livre, *La plus belle histoire du monde*. Josette tourne quelques pages. L'univers, les origines de la vie…

— Pourquoi tu ne lis pas des livres qui sont davantage de ton âge ?

— J'aime les livres de sciences.

— Oui, mais à quatorze ans… Tu ne dois pas y comprendre grand-chose.

— Si j'en comprends le quart, j'aurai quand même appris quelque chose.

Son père feuillette le livre et le lui rend, découragé.

— C'est bien compliqué. Le Big Bang ?

— Au début, explique Linda, il y avait quelque chose comme un tout petit grain qui a subitement explosé. Ou bien, il a atteint une température énorme. Ça a donné les étoiles, les galaxies, le monde entier. C'est pour ça qu'on l'appelle le Big Bang.

— Le monde entier dans un petit grain ? Voyons donc !

— Quand on comprime une éponge, elle devient toute petite. La particule du Big Bang contenait toute la matière et toute l'énergie de l'Univers.

André secoue la tête, sceptique.

— J'ai déjà vu, dans un cimetière d'autos, comment on peut écraser une voiture jusqu'à en faire un cube de métal. Pourquoi il a explosé, ton grain ?

—Je ne sais pas. Ils disent que c'était un événement unique. Une chose qui ne se produit qu'une seule fois. C'est arrivé, c'est tout.

André et Josette échangent un coup d'œil. Même s'ils sont habitués, ils ont du mal à comprendre que leur fille puisse s'intéresser à ces choses. Elle ne semble heureuse qu'un livre à la main. Et surtout des livres compliqués.

—Ton poisson est en train de brûler, remarque André.

—C'est ta faute, aussi ! Vous n'arrêtez pas de me distraire !

Tant bien que mal, on parvient à sauver le repas. Linda va chercher ses frères, on s'installe à table. Elle examine son assiette attentivement. Elle a lu qu'on met du colorant dans le saumon d'élevage pour le rendre plus appétissant.

—Je sais, c'est trop cuit, dit sa mère, mais ce n'est pas une catastrophe.

—Je pensais à ce qui arrive. Comment la chaleur transforme les molécules.

—Tu manges du poisson, pas des molécules, grogne André.

Linda préfère ne pas discuter.

— J'aimerais être chimiste, dit-elle. Comprendre ce qui se passe.

André se met à mâcher de façon exagérée en dévisageant sa femme.

— C'est le poisson, dit Josette. Tu l'as acheté parce qu'il était en vente. Il n'était plus frais. L'autre jour, j'ai eu du saumon qui fondait dans la bouche.

— Moi, je n'ai pas les moyens d'aller au restaurant trois soirs par semaine.

— Après ma journée de travail, j'ai faim, je soupe avec mes amies.

— Ta place est davantage ici qu'avec tes amies.

Linda se raidit. Une dispute se prépare, elle la sent avancer, prendre forme.

Le téléphone sonne. André se lève.

— Finis au moins de manger, dit Josette. C'est mal poli, quitter la table.

On entend le message sur le répondeur :

— André, c'est Roger. Peux-tu m'appeler quand tu auras une minute ?

André court vers l'appareil.

— Roger ? On soupait, je viens de finir. Alors ?

— Mauvaise nouvelle. Je me suis renseigné. Bob Lamarche est parti à Victoria. On n'a même pas son adresse.

— Et mon argent ? J'ai eu des frais, moi ! J'ai payé de ma poche pour élargir le chemin, abattre les arbres, livrer douze camions de terre, le gravier…

— Tu as passé le contrat avec lui, pas avec moi. Tu aurais dû te faire payer d'avance.

— Il m'a promis de tout régler d'un coup à la fin des travaux.

— Moi, je n'y peux rien. J'ai bien peur que tu ne sois jamais payé. Le nouveau propriétaire, ça ne le regarde pas. Il a acheté la maison, pas les dettes de Lamarche.

— Oui, je comprends. Bon, merci d'avoir fait ces démarches.

André tremble un peu en posant l'appareil. Ce n'est pas seulement trois semaines de travail qui s'envolent, mais deux mille dollars de matériel.

La tronçonneuse du voisin semble dix fois plus bruyante.

— Dis-lui donc d'arrêter ou je vais devenir folle !

André prend une grande respiration et sort. Deux minutes plus tard, il revient.

— Ça va, je lui ai dit d'arrêter.

Le front plissé, la mine longue, il débouche une bière.

— Maudit Lamarche ! Il ne voulait rien signer pour que je n'aie pas de taxes à payer ! Et maintenant…

— Maintenant, tu t'es encore fait avoir.

Brutalement, le bruit de la tronçonneuse éclate comme un orage.

—Bravo ! ricane Josette. Toi, tu sais t'imposer.

—Il a dit qu'il n'en avait pas pour longtemps. Et puis, tu m'agaces !

Encore le téléphone. Josette prend l'appareil et le tend à Linda.

—Allô? Oui. Attends, je vais voir. Maman, est-ce que je peux faire un tour de voiture avec Bernard ? Il a son permis.

—Bien sûr. Mais tu es de retour avant neuf heures.

Linda n'aime pas vraiment son cousin Bernard ! Il est frondeur, menteur et paresseux. Ils s'entendent quand même assez bien. Lui, il ne se moque jamais de ses grosses lunettes, de sa timidité, de ses maladresses, car elle est souvent gauche. Surtout, elle a tellement envie d'être ailleurs ! Au moins, elle n'assistera pas à une autre dispute familiale.

2

UNE MAUVAISE SOIRÉE

Linda est à peine montée dans la voiture qu'elle a envie de rentrer chez elle. Bernard n'est pas seul, il y a quelqu'un sur le siège arrière, et elle n'aime pas son visage. Elle aurait toutefois l'air bien ridicule si elle descendait.

— Alors, c'est toi, Linda ? Moi, c'est Lucien.

Elle hoche la tête, avec un sourire qu'elle veut amical.

— Bon, où va-t-on ?

— Juste autour, dit Bernard. On va visiter la nouvelle maison.

Ils s'engagent sur le chemin des Érables et prennent une route de terre battue coupée dans la forêt, juste avant la pépinière. Linda reconnaît la maison, celle où son père a aménagé la voie d'accès pour laquelle il n'a pas été payé. Le nouveau propriétaire a-t-il invité des voisins pour célébrer son arrivée ? Bernard arrête la voiture en se collant aux arbres. Lucien descend et pose la main sur l'épaule de Linda. Elle se secoue, elle n'aime pas ça. Et puis, il a un bâton de baseball dans une main et un grand sac dans l'autre.

— Pour toi, dit-il, ce sera facile. Tu surveilles l'entrée. Si une voiture arrive, tu nous préviens. Nous aurons le temps de sortir par la porte arrière.

— Vous voulez vraiment entrer dans la maison ?

Bernard lance un petit rire. Lui, il a un cric à la main.

— Le père de Lucien est serrurier.

— Je l'aide souvent. Et j'ai mes outils. Aucune serrure ne me résiste.

— J'ai vérifié, ajoute Bernard, il n'y a pas de système d'alarme.

— Je n'aime pas ça.

— On ne risque rien. Lucien connaît les déménageurs. Ils ont dit que le propriétaire est parti en Afrique.

Lucien lui tend un sifflet.

— On compte sur toi, Linda. Au moindre signe, tu siffles.

— Vous n'allez quand même pas voler…

— Juste jeter un coup d'œil, rassure-toi.

— Et le bâton ? Et ton cric ?

— Au cas où il y aurait un raton laveur.

Elle les suit des yeux, très mal à l'aise. Bernard lui a toujours paru effronté et pas plus honnête que ça, mais elle ne le pensait pas capable de voler. Ce doit être l'influence de ce Lucien dont elle n'aime vraiment pas le regard froid, méprisant.

Elle aurait dû rester chez elle. Quitte à entendre une autre dispute.

Lucien ouvre la porte en deux minutes et les deux garçons disparaissent prestement dans la maison. Linda a envie de leur fausser compagnie. Ce ne sera pas facile. Ils sont au moins à deux kilomètres du village.

Et voici qu'il se met à pleuvoir. Elle a un grand besoin d'aller aux toilettes. Ça lui arrive toujours quand elle est très nerveuse. Et elle n'a pas envie de s'accroupir sur le côté du chemin. Finalement, elle n'en peut plus, elle les rejoint.

— Qu'est-ce que tu viens faire ? On t'a dit de surveiller.

Linda jette un coup d'œil sur le salon, sur la cuisine. Tout lui semble beau, les meubles, les tableaux sur les murs, les sculptures sur les étagères. Ça sent le neuf.

— Je veux rentrer tout de suite ! Ce n'est pas correct, ce que vous faites.

Il ne lui arrive pas souvent de s'imposer. Sur ce plan, elle tient de son père. Elle se reproche toujours d'être aussi timide. Son envie se fait plus pressante et elle se précipite dans la salle de bains, dont la porte est restée ouverte.

❑

Gustave fronce les sourcils en faisant tourner la clé dans la serrure. Elle était ouverte. Roger Boissonneau, qui s'est chargé d'installer la cuisinière, le réfrigérateur et le congélateur, a pourtant dit qu'il fermerait bien la porte.

Il entre, méfiant. Tout semble normal, rien n'a été déplacé. Il pose un sac de voyage sur la table à café. Le salon est un peu sombre, il ouvre la lumière.

Il aperçoit alors le garçon qui s'était caché de l'autre côté du vestibule, un bâton de base-ball à la main. Ce n'est pas rassurant. Un deuxième intrus sort de la cuisine en tenant un cric. C'est encore moins rassurant.

Quand on est attaqué par des bandits armés, a-t-il appris, mieux vaut céder. Des adolescents peuvent s'avérer aussi dangereux. Rien n'empêche toutefois de bavarder. D'essayer. De louvoyer.

— Bonsoir, dit-il d'un ton joyeux. C'est si facile que ça, entrer dans une maison ? On m'a pourtant dit qu'une serrure à deux crans… Enfin, vous êtes entrés. Est-ce que je peux vous aider ?

Bernard se tourne vers Lucien. Ça le dérange, un homme qui ne semble pas avoir peur. Lucien, au contraire, se sent stimulé par le risque.

— C'est une belle maison, dit Lucien, goguenard.

— J'en suis content, oui. J'ai hâte d'y habiter vraiment.

— Tu dois être très riche.

Gustave éclate de rire. Les jeunes gens se regardent, incrédules.

— Pas du tout ! Quand on se paie une maison, on est pauvre. Et pour longtemps ! Ça me prendra dix ans à la payer. À condition d'économiser sur tout. Finis, les bons vins ! Finies, les poulettes ! Finis, les cigares !

Linda écarte légèrement la porte de la salle de bains. Elle voudrait surtout déguerpir, mais elle a aussi envie de voir à quoi ressemble cet homme qui semble aussi à l'aise face à deux intrus menaçants.

Il a l'âge de son père, la quarantaine. Un bon visage, curieusement décontracté. Elle remarque pourtant que des tics nerveux agitent ses mains. Comme le vieil Octave quand il a une attaque de Parkinson.

— Oh ! j'ai oublié de me présenter. Mon nom, c'est Gustave. Plus exactement, Gustavo Nicanor Laprida. Dites, ça vous dérange si je fume ?

Il allume une cigarette sans attendre de réponse.

—Je sais qu'il ne faut pas discuter quand on se trouve dans ma situation. Vous êtes plus agiles que moi et vous êtes armés. Dites-moi ce que vous voulez.

—On a commencé, dit Lucien en montrant son sac. Tu as de très belles choses.

—Ça, c'est bien vrai ! Voyons ce que vous avez choisi.

Il ouvre carrément le sac de Lucien et commence à le vider.

—De belles choses, ce n'est pas toujours utile. Tu vois ce masque dogon ? C'est une pièce de musée, il vaut cinq mille dollars. Tu l'apportes dans un magasin, on ne te donnera pas vingt dollars. Ou bien, cette sculpture ashanti. Une œuvre d'art ! Mais elle est en ivoire. C'est interdit au Canada. Tu essaies de la revendre et tu te retrouves en prison. Je vais vous montrer des choses plus faciles à écouler.

Il va de droite à gauche, regardant des objets, hésitant, secouant la tête. Il pense aussi qu'il a huit mille dollars en espèces dans sa ceinture. Après bien des tergiversations, le propriétaire de son bureau, à Addis, lui a remboursé un excédent de loyer juste avant son départ, quand les banques étaient fermées.

— Ne bouge pas ! ordonne Lucien. Ton argent, tout de suite.

— Avec plaisir.

Gustave sort son portefeuille, l'ouvre, et le remet dans sa poche.

— Trente dollars. Une misère ! Ça ne vaut pas le coup.

— Tu as des cartes de crédit, je les ai vues. Allez, donne !

Gustave se passe la main sur le visage.

— C'est un autre problème, explique-t-il. Saviez-vous qu'acheter une maison, la construire, la décorer, ça peut être une cause de divorce ? On se met à discuter, on tient à ses plans, on critique ceux de l'autre, on s'engueule, on se prend aux cheveux, et voici que notre femme nous plaque. C'est ce qui m'est arrivé. Je ne me suis pas encore installé parce que nous divorçons. Entre-temps, toutes mes cartes de crédit sont gelées.

Il a l'air tout à fait démuni, terrassé. Même sa voix s'enroue.

— Nous étions si heureux ! Enfin, c'est mon problème. Je me demande ce que je pourrais vous donner… Tiens, prenez le téléviseur. Bien que… Il est encore réglé sur le système européen. Ça vous coûtera une fortune à l'adapter !

Il remarque des traces humides de pas. Les souliers des garçons sont secs. Il doit y avoir un troisième voleur. Ce ne sera pas facile.

Le plus jeune ne l'inquiète pas. Il fait des grimaces, il veut paraître dur, mais son regard est trop hésitant. Le plus vieux paraît plus coriace.

— Des bijoux ? Non, ma femme les a tous pris. Oh ! j'ai une excellente caméra.

Il sort un appareil photo de son sac de voyage, prend rapidement deux photos des garçons et le tend à Lucien.

— Tiens, en souvenir de votre visite.

Puis il se ravise et remet l'appareil dans son sac.

— Non, c'est inutile, elle n'est pas digitale, personne n'en voudra. Tiens, prenez mes CD ! Non, ça ne vaut pas le coup. C'est de la musique argentine ou africaine, vous ne réussirez pas à les vendre.

Lucien fait signe à Bernard. Ils approchent de Lucien, brandissant bien le cric et le bâton de base-ball.

— Tu nous fais perdre notre temps. Je ne suis pas venu ici pour rien. Tu dois bien avoir des choses de valeur, crisse ! Si je me fâche…

— Oui, je comprends. Je ne tiens pas à me faire défoncer le crâne. Voilà ! Mon briquet. Tu n'as pas remarqué, mais il est en or. Tu en tireras cinq cents dollars, même s'il en vaut mille. Je te le donne.

D'un geste rapide, il lui met le briquet dans la main. Surpris, Lucien recule et ouvre les doigts. Le briquet n'y est pas.

— Tu l'as gardé, proteste-t-il.

— Pas du tout ! dit Gustave, montrant ses mains vides. C'est ton copain…

Il approche de Bernard, examine attentivement son visage, puis, aussi rapidement, il lui passe la main sur les cheveux. Et il montre le briquet.

— Comment as-tu fait pour me le prendre ? Mais j'y pense ! J'ai quelque chose de précieux.

— Reste là, ordonne Lucien, de plus en plus ébranlé. Dis-nous où.

— Dans le tiroir du bureau.

Bernard n'y trouve qu'un anneau de métal, pas plus large qu'une soucoupe.

— C'est quoi, ça ?

— Donne, dit Gustave, je te montrerai.

Il éteint sa cigarette, soupèse l'anneau, le fait tourner dans ses mains et, tout à coup, il a deux anneaux, puis trois, puis quatre, comme une chaîne.

— Pas mal, n'est-ce pas ? Mais le plus précieux… Ce coffre, là-bas… Faites attention, c'est de l'ébène, un bois très lourd.

Bernard prend le coffre sur l'étagère. C'est lourd, en effet. Il le pose sur la table à café, puis essaie en vain de l'ouvrir.

— C'est un coffre magique, explique Gustave. Il faut connaître la formule. Tu as lu *Harry Potter*, non ? Bon, peut-être que tu ne lis pas, mais tu as vu les films. Laisse-moi faire.

Il se penche, manipule les côtés du coffre et déclenche la charnière.

— Regardez, c'est un trésor ! Mieux que dans les *Mille et une nuits* !

— Il est vide ! s'écrie Lucien. Toi, mon salaud, tu te moques de nous. Et tu vas le regretter.

Gustave lève les mains et fait quelques gestes au-dessus du coffre.

— Il me faut un linge. Un linge de cuisine, n'importe quoi… À moins que…

Il fouille dans le coffre, sous les regards ébahis des jeunes gens. Et là, tout à coup, il a un revolver dans les doigts.

— Bon, qu'est-ce que je fais…? Vous abattre, en légitime défense ?

Lucien et Bernard reculent, pâles.

— Ce serait peut-être excessif, dit Gustave. Vous loger quelques balles dans les cuisses, en attendant la police ? Je n'aimerais pas salir mon plancher.

— Non, écoute… C'était une blague…

— Oui, peut-être… Allez, vous m'avez bien fait rire, je vous laisse filer. N'oubliez pas que j'ai votre photo. Si jamais je vous revois autour d'ici, vous aurez dix ans pour le regretter. En prison.

Les deux garçons reculent vers la porte et décampent rapidement. Linda tremble en voyant que Gustave se dirige maintenant vers la salle de bains.

— Allez, sors. Il pleuvait, je vois les traces de tes pas.

Elle ne bouge pas. Ne fait aucun bruit. Il pousse la porte et la trouve, recroquevillée contre le mur.

— Bonjour, Princesse.

Linda le dévisage, immobile, un nœud dans la gorge.

— Tu étais bien avec eux, non ?

— Oui. Non. Je ne savais pas ce qu'ils voulaient faire. Ils ne me l'avaient pas dit.

Gustave la contemple, songeur. Les deux garçons lui ont paru plutôt insignifiants. Celle-ci, c'est une enfant.

Il remarque qu'il a toujours son revolver à la main.

— Excuse-moi. Ça te fait peur ?

— Non. J'ai toujours peur.

— Je vois. Ce pistolet ne fait que du bruit et de la fumée, je m'en sers dans mes tours de magie. Allez, viens.

Il tire une bouteille de porto de son sac de voyage et s'en verse deux doigts.

— Tu en veux ?

— Non. Je ne bois pas.

— J'ai bien l'impression que tu es ici par erreur.

— Je vous l'ai dit, je ne savais pas ce qu'ils avaient en tête.

— Ils sont plutôt moches, tes copains. Comme comité d'accueil, la ville de Masham aurait pu trouver mieux. Et ils t'ont laissée là, derrière eux.

— Ce ne sont pas des copains.

— Ces idiots n'ont pas même pensé que tu pourrais donner leur nom à la police. Bon, décide-t-il. Tu t'es laissée entraîner, tu es venue par erreur, tu as l'air d'une bonne fille. Je vais te reconduire chez toi. Tu te diras que tu as passé une mauvaise soirée, et demain tu n'y penseras plus. D'accord ?

— J'y penserai toujours. Vous avez été très courageux.

— Je me suis surtout inventé un spectacle ! Et puis, j'y pense… Tu n'aimerais pas que je sache où tu habites. Tu me diras à quel endroit tu veux que je te dépose. Et ensuite… Bonne chance dans ta vie !

3

LA MAISON D'À CÔTÉ

LINDA TIENT SON CHAT BIJOU DANS UNE CAGE, SUR LES GENOUX. ILS VONT PASSER LE WEEK-END AU LAC, DANS LE chalet de Berthe, la mère de Josette. Ce sera reposant. Depuis une semaine, elle est sur les nerfs, elle dort mal. Dès qu'on sonne, elle croit que c'est la police : Gustave l'a dénoncée, on vient la chercher. Quand elle se rend à l'épicerie, elle a peur de le trouver parmi les clients.

André fait un détour, il doit parler à Gaston Lemoyne.

— J'ai réussi à réparer ton camion. Il fonctionne comme un charme.

— Eh bien, tant mieux ! Je savais que tu serais capable de le faire.

— J'ai dû changer plusieurs pièces. Trois cents dollars.

— Ça m'aurait coûté le triple au garage. Merci !

— Est-ce que tu peux me rembourser ?

— Je t'avais dit que je n'en avais besoin qu'à l'automne.

— Je l'ai mis sur VISA. Je dois payer à la fin du mois.

— C'est embêtant. Je devais construire une grande clôture, mais le gars trouve que c'est trop cher, il remet ça à l'été prochain. Ce n'est pourtant pas donné, les planches ! Maintenant, avec les vacances de la construction, je suis à sec. Je te paierai début septembre, comme j'avais dit.

— Même pas cent dollars ? Ça m'aiderait beaucoup.

— J'aimerais, mais je ne peux pas. Je peux quand même reprendre le camion, s'il est dans le chemin.

André remonte dans la voiture. Le sourire narquois de Josette s'efface devant sa mine renfrognée. Elle ne voudrait pas gâcher leur fin de semaine.

— Tiens, remarque André en arrivant, l'écriteau a disparu.

Depuis le début de l'été, on voyait l'affiche devant la maison voisine : À VENDRE. Des gens venaient parfois y jeter un coup d'œil.

La maison avait toujours été là, plutôt moche, carrée, à deux étages, délabrée, avec des façades de vieux cèdre gris triste et un toit de bardeaux de bois dont plusieurs s'étaient arrachés. Ici et là, des vitres brisées et des volets extérieurs pendant à leurs charnières rouillées. Bref, c'était sinistre. Daniel l'avait remarqué quand il était venu planter les arbres.

— Ça ne te fait pas peur ? On dirait une maison hantée.

— Ç'aurait été intéressant, dit Linda, qui ne croyait pas aux fantômes.

— Es-tu allée voir ce qu'il y a dedans ?

Elle y avait songé, mais on n'entre pas dans une maison qui n'est pas la nôtre. Et comment aurait-on pu l'inviter, puisque personne n'habitait là ?

— Non. C'est juste une maison abandonnée.

— On n'abandonne pas une maison qui se trouve au bord d'un lac !

— Les propriétaires ont pu déménager loin d'ici. Ou ils n'aiment pas l'eau. Ou ils sont morts. Il y a des tas de raisons !

— Tu as vraiment une pensée méthodique !

Grand-mère Berthe ignorait aussi à qui appartenait la maison. Elle était déjà abandonnée quand elle avait acheté le bungalow. Elle avait dit à Linda que c'était la demeure d'un magicien qui sortait la nuit et dévorait les petites filles.

Linda n'en croyait rien. Une fois, à Ottawa, elle avait vu un spectacle de magie dans un théâtre. Le magicien ne portait pas de turban ni de robe pleine d'étoiles. Il était habillé comme tout le monde. Enfin, en costume noir et chemise blanche. Il avait transformé des mouchoirs en oiseaux, il avait fait apparaître et disparaître des lapins, il avait fait flotter sa partenaire, il l'avait sciée en deux, il avait deviné les chiffres que des spectateurs écrivaient sur un bout de papier.

Elle avait trouvé cela très bon. Mais comment faisait-il ? Elle voulait toujours tout savoir. Pourquoi la chair du saumon est rose et le filet de sole est blanc, pourquoi une boule de caoutchouc rebondit, pourquoi l'eau du lac ne gèle pas jusqu'au fond, pourquoi le papier glacé est plus lourd que le papier journal, pourquoi ceci et pourquoi cela ? À l'école, elle aimait surtout les sciences de la nature. Son père lui avait offert un abonnement à une revue scientifique. Malheureusement, il n'avait pas eu les moyens de le renouveler.

Après le spectacle, elle avait interrogé son père.

— Les illusionnistes ne racontent jamais leurs trucs, dit son père.

— Pourquoi ?

— Parce que c'est leur gagne-pain. Ils vivent de cela. S'ils disaient comment ils font, personne ne reviendrait les voir.

— C'est comme des recettes de cuisine, ajouta sa mère. Imagine que tu as un restaurant. Si tu veux qu'on aille manger chez toi, tu ne dis pas à tout le monde comment tu fais ta sauce.

— Si la sauce est bonne, les gens reviendront. Comme ça, ils n'auront pas besoin de faire la cuisine ni la vaisselle.

— C'est vrai, dit Josette. Mais un autre restaurant offrira la même sauce. Si tu veux garder tes clients, tu ne donnes pas tes secrets de cuisine.

— Et les livres de recettes, alors ?

— Eux, c'est différent, dit son père. Ils ne cherchent pas à te faire venir au restaurant, ils veulent vendre des livres de cuisine.

Son père était toujours patient avec elle et ses mille questions. C'est depuis qu'il a des problèmes d'argent qu'il est devenu plus morose, nerveux, irritable. Et que ses tiraillements avec sa femme, qui empoisonnent souvent la journée, sont devenus chose quotidienne.

❑

Le bungalow donne sur le lac. À gauche, un ruisseau le sépare des autres chalets. À droite, on trouve la vieille maison abandonnée, un bout de forêt et un début de colline trop rocailleux pour qu'on puisse y construire quoi que soit.

Pendant que ses parents vident la voiture, Linda enfile son maillot de bain et accompagne ses frères dans le jardin où il y a un terrain de jeux, des balançoires, un carré de sable. Bernard l'a appelée deux jours après leur visite à la nouvelle maison, visite qui aurait pu bien mal tourner. Il voulait simplement y jeter un coup d'œil, disait-il, et Lucien voulait juste prouver qu'il était facile d'y entrer. Des excuses. Il tenait surtout à s'assurer qu'elle n'en parlerait à personne.

Elle pense à ce Gustave. C'était merveilleux de le voir ! Il aurait pu lui expliquer comment on fait de la prestidigitation. Maintenant, elle ne veut surtout pas le retrouver sur son chemin. Au moins, il a été très chic, il a tout de suite compris qu'elle n'était pas une voleuse. Elle, elle a eu la peur de sa vie. Jamais plus elle ne se laissera entraîner dans une histoire semblable.

Qui a pu acheter la maison ? C'est une bonne nouvelle. Berthe avait toujours peur qu'elle passe au feu ou que des squatters s'y établissent.

— C'est quoi, des squatters ? avait demandé Linda.

— Ce sont des gens qui s'installent dans des maisons inhabitées.

— S'il n'y a personne, ça ne dérange pas.

— Il y a de bonnes gens et de mauvaises gens. Comme ce n'est pas chez eux, les squatters ne prennent pas soin de la maison. Ils sont souvent bruyants, ils se droguent, ils volent. Ce ne sont pas des voisins agréables.

Comme toujours, Linda a apporté un livre, *Tous les pourquoi du monde*. C'est fascinant ! Qui a inventé le *Monopoly* ? Pourquoi les crabes courent-ils de côté ? Pourquoi les oiseaux chantent-ils ? D'où vient le hoquet ? Elle a toujours une boulimie d'apprendre. Et elle en retient beaucoup.

Sans quitter ses frères des yeux, Linda surveille aussi Bijou, un beau petit chat de deux ans, orange, tigré, avec des yeux vert-jaune. Il la suit partout, tout en se laissant distraire à l'occasion par un oiseau, une grenouille, un mulot. Il lui arrive d'en attraper. Même si elle éprouve de la pitié pour ses victimes, elle comprend que les chats sont aussi des chasseurs.

Elle l'amène toujours avec elle quand ils passent la nuit au chalet. À mesure qu'il retrouve son territoire, Bijou lorgne la maison abandonnée. Il a l'esprit d'aventure. La clôture en fil de fer s'est depuis longtemps effondrée. Il y voit une extension de son domaine, tourne autour des débris dans le jardin et regarde avec intérêt le perron, les murs, les fenêtres. Tiens, une des vitres du bas est brisée. Il fait un bond, se glisse prudemment dans l'ouverture et disparaît.

—Non, Bijou, ne va pas là ! Bijou, reviens !

Josette sort, en maillot.

—Allez, on saute à l'eau.

—Je ne peux pas. Bijou est allé chez le voisin.

Linda hésite. André est en train de s'activer autour du barbecue : il peut surveiller les enfants.

—J'en ai pour une minute, dit-elle.

Elle s'approche de la maison et examine la fenêtre par où Bijou est entré. C'est trop étroit, elle risque de se blesser en lui emboîtant le pas. Elle fait le tour. La porte est entrouverte. C'est l'occasion rêvée de voir ce qu'il y a à l'intérieur.

Elle se rappelle aussitôt son aventure avec Bernard et Lucien. Non, elle n'entrera pas. Mais si Bijou s'est coincé quelque part ? S'il a rencontré une moufette, un raton laveur ? Elle pousse la porte, craintive.

— Il y a quelqu'un ?

Pas de réponse. La maison semble vraiment vide.

— Je viens pour mon chat.

Rien. Aucun bruit. Le comptoir de la cuisine est plein de vaisselle dépareillée. Les meubles ont l'air poussiéreux. C'est alors qu'elle aperçoit Bijou dans l'escalier. Le chat la regarde, miaule et gravit quelques marches.

— Viens, Bijou. On rentre.

Le chat réfléchit, puis continue à monter. C'est un explorateur. Linda le rejoint dans une chambre du haut. Un lit défait, des draps qui semblent attendre depuis des décennies. Sur la table de chevet, une revue de juillet 1982, bien avant sa naissance. Sur la commode, un immense miroir avec un cadre de bois sculpté.

Pour Linda, un miroir, c'est une des choses les plus étonnantes qui soient. Elle s'était d'abord demandé pourquoi une vitre est transparente.

— Parce qu'elles laissent passer la lumière, avait dit son père.

Pour Linda, ce n'était pas une bonne réponse.

— Pourquoi laissent-elles passer la lumière alors qu'un rideau l'arrête ?

— Parce qu'elles sont faites comme ça.

Elle avait posé la question à sa professeure de sciences de la nature, toujours étonnée par une curiosité qui dépassait de loin les limites des cours.

— Toi, Linda, tu veux faire une maîtrise en sciences avant d'avoir fini ton secondaire ! Pourquoi une vitre est transparente ? Réfléchissons. La lumière, ce sont des photons. Les photons sont de minuscules paquets d'énergie. Quand des choses brûlent, comme le soleil ou une bougie, ou quand le fil d'une lampe électrique devient incandescent, ça produit des photons. Les objets, comme la vitre et le bois, sont composés de choses minuscules qu'on appelle des atomes.

— Oui, je sais. Les atomes se groupent ensemble et forment des molécules. Les atomes, eux, sont composés de particules encore plus petites.

— Parfait ! Tu t'en souviens ! Bon. Dans les atomes, il y a des électrons. On les appelle comme cela parce qu'ils ont une toute petite charge électrique. Dans la vitre, les électrons sont très heureux comme ils sont. Disons qu'ils sont déjà pleins et chargés au maximum. Ils n'ont pas de place pour accueillir des photons. Ils les laissent donc passer, et c'est pourquoi la vitre est transparente. Les électrons du bois, eux, peuvent prendre un peu de l'énergie des photons. Ils les attrapent, et la lumière ne traverse pas le bois. Il reste opaque.

— Et un miroir ? C'est fait en vitre.

— Avec une couche de métal argenté sur un côté. Le métal n'absorbe pas les photons et ne les laisse pas passer non plus. Ils rebondissent alors, et c'est pourquoi tu y vois ton image. Pour bien comprendre comment ça se passe, tu devras d'abord apprendre un peu plus de chimie, de physique et de mathématiques. De la même façon que, pour jouer au *Scrabble*, tu dois connaître l'orthographe.

Pour Linda, chaque réponse apportait toujours d'autres questions. Où se forment les images ? Dans le miroir ou dans les yeux ? Et pourquoi, dans une vitre taillée, la lumière fait des effets d'arc-en-ciel ?

Elle secoue les épaules. Elle est venue chercher Bijou, elle n'a pas le temps de s'interroger sur toutes ces choses qui l'intriguent.

Le chat regarde le plafond. Des bruits étranges, comme quelqu'un qui se traîne les pieds. Sans doute des écureuils qui s'y sont fait un abri ou des chauve-souris. Ou le magicien de grand-mère Berthe qui croque les petites filles.

Elle prend Bijou dans ses bras et s'apprête à détaler.

En sortant de la pièce, le chat dans ses bras, elle fige sur place.

Un homme, près de la porte, en bas de l'escalier, la regarde, tout surpris.

C'est Gustave.

4

LE NOUVEAU VOISIN

— Bonjour, Princesse.

Gustave porte un t-shirt avec une belle tête de loup. Il sourit à Linda, qui a une boule dans l'estomac. Gustave verra ses parents, il leur dira comment il l'a rencontrée, elle sera punie et on l'enverra dans un centre d'accueil…

— Je suis venue chercher mon chat, dit-elle d'une voix fluette.

— C'est un très beau chat. Il vient souvent ici ?

— On reste dans le chalet d'à côté. Il appartient à ma grand-mère.

— Alors, nous sommes voisins. C'est magnifique ! lance-t-il en riant. Rencontrer quelqu'un deux fois, dans une boutique puis dans une autre, ça arrive. Mais la rencontrer deux fois chez soi ! C'est merveilleux, le hasard !

Linda se sent encore mal à l'aise. Gustave lui bloque le chemin. Sans le faire exprès, puisqu'il n'a pas bougé, il vient d'entrer.

— C'est vous qui avez acheté la maison ?

— C'est bien moi, Princesse.

— Pourquoi vous m'appelez Princesse ?

— Les princesses ont de longs cheveux blonds, des bijoux, des robes de soie, et ne portent pas de grosses lunettes. Alors, j'ai tout de suite deviné que tu es une princesse déguisée. Incognito.

Gustave n'a pas une conversation tout à fait ordinaire, mais Linda commence à s'y habituer. Il dégage une telle bonne humeur !

— Vous allez habiter ici ou… ou là-bas ?

Gustave montre les murs, les vieux meubles du salon, la fenêtre brisée.

— Ici, ce sera un chalet d'été. C'est une bonne maison, solide, bien construite. Mais je devrai tout changer. Tout ! Ce sofa tombe en morceaux. Les coussins sentent mauvais. Il y a des trous dans le mur. Les escaliers craquent. La porte du placard est tordue. La moquette est pourrie. Le bas du mur est moisi, on voit des cernes. Alors, on fait boum, on dit abracadabra, et on transforme un taudis en palais. Tu l'as vu l'autre jour, je suis un magicien à temps partiel.

Il gesticule, montrant du doigt les mille défauts dont il parle. Linda n'a jamais rencontré quelqu'un d'aussi flamboyant.

Son cerveau se met à fonctionner. Parfois, en leur faisant lire un livre, son professeur de français disait que l'auteur était un vrai magicien. D'un spectacle de patinage artistique, sa mère disait que c'était de la magie. Quand les arbres se couvraient de neige fraîche, son père disait que c'était magique. Pour eux, la magie, c'était quelque chose de lumineux, de très beau. Pour Linda, avec son esprit scientifique, c'était un monde mystérieux à découvrir.

— Une fois, j'ai vu un spectacle de magie. Le magicien sortait des poussins d'un gobelet vide, il trouvait du premier coup l'as de cœur dans son jeu de cartes, il lançait des mouchoirs en l'air et ils devenaient des oiseaux. J'aimerais beaucoup apprendre comment on fait ces trucs.

Elle se dit aussi qu'elle devrait rentrer avant que ses parents ne s'inquiètent de son absence.

— Regarde, dit Gustave en sortant une clé de sa poche. Je vais la mettre…

Il la place sous une casserole renversée, montre ses mains vides et recule.

— Maintenant, va la prendre.

Elle pose le chat par terre et soulève la casserole. La clé a disparu.

— Oh ! C'est bien embêtant, c'était la clé de la voiture. Voyons…

Il regarde le chat et lui tend la main. Bijou, qui n'a pas peur des gens, lui renifle le bout des doigts. Gustave pose la main sur la tête du chat et la retourne, la clé dans sa paume.

— Ouf ! dit-il. Je l'ai retrouvée ! C'est un petit malin, ton chat !

— Comment as-tu fait ? demande-t-elle, émerveillée.

— J'ai été plus rapide que tes yeux. Comment t'appelles-tu, Princesse ?

— Linda.

Il se met à jouer avec Bijou. Il lui frotte le crâne et le fait ronronner, puis lui abandonne ses doigts, que le chat mordille délicatement. Bijou porte un collier rouge. Gustave le lui enlève, le roule en boule, puis le tend à la fillette.

— Tiens, prends-le. Serre-le bien dans ta main. Maintenant, rends-le-moi.

Elle ouvre la main. Le collier a disparu.

— Pas encore une fois ! s'écrie Gustave. Voyons, voyons… Où est-ce qu'il a pu passer ? Ah ! Tu l'as dans tes cheveux.

Incrédule, elle se passe la main sur la tête.

— Il n'est pas là.

— Mais oui ! Il sort de ton oreille.

Il y met la main et en tire le collier. Linda n'en revient pas.

— Comment...? Comment as-tu fait ?

— J'ai encore été plus rapide que toi. C'est ce que je ferai avec cette maison. Deux trois tours de passe-passe, et j'en ferai une autre maison. Savais-tu que les chats ne voient pas le rouge ? dit-il en lui remettant le collier.

— Son bol est rouge et il le voit.

— Non. Il voit le bol, il sent la nourriture, ou il entend quand on l'y met. La couleur rouge, non. On a fait des tests. Les chats, comme les chiens, voient surtout le bleu et le vert. C'est la façon dont leurs yeux sont faits.

— Pour eux, alors, les choses rouges sont transparentes ? Ou grises ?

— Non, ce n'est pas cela. C'est plutôt comme les daltoniens. Le rouge peut leur paraître brun ou bleu foncé.

Linda trouve tout de suite une autre question :

— Est-ce que c'est vrai que les chats voient les choses la nuit ?

— Parfaitement ! Un peu de lumière leur suffit. Ils ont les yeux très sensibles. Pas tout à fait comme les nôtres. Par exemple, ils voient mieux de loin que de près. Et ils sont très sensibles au mouvement. Surtout les chiens. Tu bouges un doigt, et ils le remarquent. Les chats, les chiens, j'aurais du mal à leur faire des tours de magie. Ils devineront tout de suite !

— Bon, je dois rejoindre mes parents.

— Bonne idée ! Je vais leur dire bonjour. Qu'une jolie fille comme toi s'attarde avec un étranger, ça pourrait les inquiéter. Oh ! j'y pense. Pour l'autre soir, rassure-toi, je ne leur dirai pas un mot. Tout le monde peut faire une erreur. Ce sera quelque chose entre toi et moi.

❑

Une fois dehors, Gustave aperçoit Josette qui sort du lac et se dirige vers elle. Une curieuse démarche, remarque Linda. Il a l'air de danser en marchant.

— Bonjour, madame. Je suis votre nouveau voisin. Gustave Nicanor Laprida, précise-t-il en s'inclinant. Je viens de rencontrer votre fille, qui est ravissante. Maintenant, je comprends pourquoi : je vois de qui elle tient !

Interloquée, Josette se demande qui donc est cet énergumène. C'est un beau compliment, mais quelle drôle de façon de le faire !

— Un lac, un bout de forêt, des voisins charmants… Que peut-on vouloir de plus ? J'ai déjà l'impression d'avoir acheté une parcelle du paradis.

— Eh bien… Eh bien, je vous souhaite la bienvenue !

— Merci ! Maintenant, au travail !

Il se tourne vers la maison, prêt à partir. Linda a encore une question.

— Attends. Dis, est-ce que les chats rêvent quand ils dorment ?

— Oui ! affirme-t-il. Et tu veux savoir comment je le sais ? Eh bien, on leur a mis des électrodes dans le crâne. Rassure-toi, ça ne fait pas mal. On a pu enregistrer ce qui se passe dans leur cerveau, et ce sont bien des rêves.

— Et ils rêvent à quoi ?

— Ça, on ne le sait pas encore. On peut l'imaginer : à des souris, à une gentille petite fille qui vient les chercher quand ils se perdent dans des maisons, à leur prochain bol de nourriture, à ce qu'ils ont vu durant la journée…

Il éclate de rire, joyeusement. Josette ne sait toujours pas comment réagir, tellement l'homme passe du coq à l'âne.

— Je ne vous invite pas chez moi, c'est encore trop laid. Cependant, je vous promets de le faire dès que je serai un peu installé.

— Ce sera avec plaisir, mais…

— Excusez-moi, je me sens de trop bonne humeur. Je viens juste d'acheter la propriété. Il y a tellement à faire que cela me monte à la tête.

Comme une tempête se calme d'un coup, Gustave sourit et regagne sa nouvelle maison. Encore interloquée, Josette rejoint André, déjà en train de badigeonner les biftecks. Le boucher du supermarché, qui aime bien Josette, les lui a laissés au prix de la viande hachée en trichant un peu sur le poids.

— Je viens de rencontrer notre nouveau voisin. Tout un numéro, je t'assure ! Il n'est pas d'ici. Un nom impossible…

— Gustave Nicanor Laprida, dit Linda. Et il veut rénover toute la maison.

— Tiens, ça m'intéresse. Va donc l'inviter à souper avec nous, on a assez de viande.

❑

Gustave ne s'est pas fait prier, d'autant plus qu'il s'agit d'un barbecue. Dans une demi-heure ? Il a le temps de sauter dans le lac. Il nage pendant quinze minutes. Linda, qui l'a accompagné, se dit qu'il pourrait aussi lui donner des cours de natation tellement il semble à l'aise dans l'eau.

Et puis, c'est plus que ça : il semble heureux d'être vivant. Plus que toutes les personnes qu'elle connaît. Il impose sa bonne humeur. Linda est contente de l'avoir pour voisin. Enfin, quand ils restent dans le chalet de la grand-mère.

Gustave arrive avec une assiette de charcuterie et une bouteille de vin.

— Ç'aurait été mon souper, mais je préfère votre invitation. Quand vous parlez de viande et de grillade à un Argentin, vous touchez son point faible.

— Vous êtes Argentin ?

— Oui. Enfin, je l'ai été, je suis Canadien depuis vingt ans. C'est même pour ça que je suis vivant.

Josette et André échangent un regard perplexe. Linda s'attend aux choses les plus surprenantes de la part de leur invité.

— Ce n'était pas une belle époque, explique Gustave. Les militaires n'y allaient pas de main morte. Mon père, péroniste de gauche – parce qu'il y avait aussi les péronistes de droite – s'est retrouvé en prison. Un jour, mon frère n'est pas rentré. Disparu. Je savais qu'il avait été assassiné.

— Mais c'est horrible !

— Oui, dit Gustave tranquillement. Je venais d'être inscrit au Barreau comme avocat. J'avais écrit des choses sur les droits des gens. Je sentais qu'on me surveillait. J'ai pu filer en Uruguay, puis au Brésil, et je suis arrivé au Canada. Réfugié politique.

Linda est aussi impressionnée que ses parents. Gustave parle d'un monde dont elle ne sait rien.

— Évidemment, à Montréal, mes cours de droit argentin ne me servaient à rien. Mes diplômes, c'était zéro. J'ai été serveur dans un restaurant mexicain. Livreur de pizzas pendant deux mois. Six mois dans la construction. Ensuite, dans l'équipe d'entretien d'un grand immeuble, c'est-à-dire que je nettoyais les chiottes. Et puis…

Il fait une pause. Tous les regards sont braqués sur lui.

— Un jour, j'ai rencontré Hervé Gauthier. Dans les bureaux que je nettoyais. Ceux de *Gauthier International*, la meilleure des plus petites firmes d'ingénierie du Québec. Il travaillait tard. Nous avons bavardé et il m'a offert un emploi. Commis, pour commencer. Il faisait de plus en plus affaire avec des sociétés latino-américaines et ça l'arrangeait d'avoir quelqu'un qui parle espagnol et qui a une bonne formation juridique. Votre steak est succulent !

Il avale une bonne gorgée de vin.

— Et voilà, je suis toujours chez *Gauthier International*. Avec le temps, je me suis spécialisé dans l'informatique et dans la gestion de projets, et Gauthier travaille dans le monde entier. Mon dernier boulot était en Éthiopie. Toute une chance, car j'y ai rencontré ma femme ! Je vous la présenterai un de ces jours.

Il remarque le regard surpris de Linda et lui lance un clin d'œil discret.

— Je parle, je parle, et je parle de moi, c'est impoli. L'agent immobilier m'a dit que cette maison aussi sera bientôt en vente.

André se tourne vers sa femme, étonné. Josette se raidit un peu.

— Je leur ai seulement demandé sa valeur au prix du marché.

— Et pourquoi tu veux le savoir ? Elle est à Berthe, la maison. D'ailleurs, elle revient la semaine prochaine.

Josette pâlit. Gustave, qui remarque tout, se dit qu'il aurait dû se taire.

— Elle a laissé un message sur le répondeur. On ne peut pas la rejoindre, elle est en voyage. Je m'excuse, j'ai oublié de te le dire, ça m'était sorti de la tête.

Linda, sentant qu'il y a là un début possible d'altercation entre ses parents, essaie de changer le cours de la conversation.

— Est-ce que vous habiterez ici toute l'année ou juste l'été ?

— J'ai toujours des histoires compliquées ! Et la mauvaise habitude d'en rajouter. Mon ami Boris me dit que je devrais écrire des romans ! J'ai acheté une maison près du chemin des Érables. La maison verte, avant la pépinière McKenna. Vous la connaissez peut-être, elle appartenait à Robert Lamarche.

— C'est André qui a élargi et refait le chemin, dit Josette. Et ce salaud de Lamarche est parti sans le payer.

— Oh ! s'empresse d'ajouter André, tu n'es pas responsable. Tu achètes une maison, pas les dettes de l'ancien propriétaire.

Josette se dit qu'André aurait au moins pu essayer de se faire payer. Toujours conciliant, il fournit lui-même les arguments à ses interlocuteurs, se faisant manger la laine sur le dos.

— C'est une belle maison, et c'est là-bas que nous vivrons. Je ne prendrai plus que des contrats de courte durée avec Gauthier. En négociant l'achat, Lamarche m'a offert cette propriété dont il voulait se débarrasser.

— Pourquoi ne venait-il jamais ? demande Linda.

— Une tragédie. Il y a vingt ans, Lamarche avait invité des amis ici. Leur enfant de cinq ans s'est noyé dans le lac. Lamarche se sentait responsable, même si c'était plutôt aux parents de surveiller leur gosse.

L'histoire jette un froid. Ça a dû être une expérience atroce.

— Je vais rénover ce chalet pour le plaisir. J'ai envie de bricoler, de faire un peu de travail manuel, de la menuiserie. Disons que je le vois comme un passe-temps. Et puis, c'est agréable, l'été, d'avoir accès à un lac.

André regarde la maison délabrée. Il hoche la tête.

— Il y a beaucoup à faire. J'en ai bâti, des maisons, moi ! Une maison dont on ne prend pas soin pendant vingt ans souffre beaucoup.

— Il n'y a pas d'eau dans les robinets. J'ai fait rebrancher l'électricité, mais je me méfie, j'ai des lampes qui semblent instables.

— Je ne suis ni plombier ni électricien, mais je peux facilement refaire le câblage électrique et la tuyauterie. Ensuite, il suffit de les faire inspecter par des gens certifiés. Et je crois bien qu'il faut songer à changer toute la toiture. Ce revêtement de cèdre a l'air pourri. Le toit aussi.

Comme ils sont dehors, Gustave offre des cigarettes. André en prend une, sans se soucier du regard désapprobateur de Josette.

— Malheureusement, j'ai déjà demandé un devis à Roger Boissonneau. Il s'est très bien occupé de l'autre maison et je ferai affaire avec lui. J'espère qu'il y aura des contrats pour toi, mais ça passera par lui.

— Je m'entends très bien avec Roger. Il me connaît, il sait que je fais du bon travail. Quand même, un petit mot serait apprécié.

— Je n'y manquerai pas. En attendant, ce qui me serait utile, ce n'est pas un professionnel comme toi. Je pense à des choses simples : aider à nettoyer, à réparer, à me débarrasser des débris... Un travail à temps partiel.

— En effet, ce ne serait pas pour moi, dit André, qui aurait pourtant accepté n'importe quel ouvrage en ce moment. Pour un étudiant, oui. Les cours commencent fin août. J'y penserai, je pourrai te recommander quelqu'un.

— Daniel, propose Linda. Son contrat de reboisement est fini.

— Oui, approuve son père, c'est un gars qui conviendrait parfaitement.

Gustave, un grand sourire aux lèvres, s'adresse à Linda :

— Est-ce qu'on peut lui faire confiance ? Parce que je lui passerai les clés.

Elle rougit. Croit-il qu'elle ne fréquente que des voleurs ?

— C'est le fils de Roger Boissonneau.

— J'en parlerai à Roger. Et merci beaucoup pour cet excellent repas ! Votre accueil est magnifique ! Dans deux semaines, c'est moi qui vous invite. Maintenant, je veux continuer à examiner la maison pendant qu'il fait clair.

Linda l'accompagne quelques pas.

— Je croyais que tu divorçais, dit-elle à voix basse.

— Mais non, j'ai inventé cette histoire. Ma femme arrive dans dix jours.

Linda sent un froid dans la nuque. Gustave racontera sans doute à sa femme l'histoire de l'entrée par effraction. Tôt ou tard, ses parents seront au courant. Comment faire marche arrière après une grosse gaffe ?

Gustave a quand même dit que ça resterait entre eux. Elle veut lui faire confiance.

— Je suis contente. J'ai hâte de la rencontrer.

5

LA PROCURATION

JEAN-NOËL ET MARTIN REGARDENT LA TÉLÉVISION, LINDA EST ENCORE PLONGÉE DANS UN LIVRE, ANDRÉ EST ALLÉ VOIR BOISSONneau; ce sera un après-midi bien calme. Et ennuyeux. Faire la lessive n'est pas l'activité la plus stimulante.

Josette a quitté Gatineau quand elle a épousé André. Elle avait dix-huit ans et voulait déjà avoir un bébé. Ce fut Linda. Les autres sont venus plus tard. Elle n'a jamais aimé vivre dans un petit village. Retourner à Gatineau ! André ne voulait pas en entendre parler. Il aimait l'espace, la nature, la tranquillité de Sainte-Cécile-de-Masham. Un goût qu'il partageait avec Berthe, la mère de Josette qui, devenue veuve, avait vendu sa maison pour retourner à Masham. Elle y était née et y connaissait tout le monde.

Josette, pour sa part, avait l'impression de s'étioler, de dépérir. Les plus belles journées de la semaine, c'est quand elle allait travailler. Gatineau, c'était chez elle, une vraie ville avec des rues, des voitures, des restaurants, des cinémas, des gens. Les gens, c'était surtout Stéphane, un peu plus jeune qu'elle, qui s'occupait de la station-service à côté du supermarché. Il avait une personnalité enjouée, de l'entregent, une belle conversation. Le contraire d'André. Quand elle s'attardait pour souper après sa journée de travail, c'était généralement avec Stéphane.

Une voiture arrête dans la cour. Josette la regarde, curieuse. Elle ne la connaît pas et elle n'attend pas de visite.

Soudain, elle a un instant de panique.

— Ma mère ! Je ne veux pas la voir. Linda, dis-lui que je ne suis pas là, je suis sortie, je suis en ville, je rentrerai tard.

Elle gravit l'escalier et monte dans sa chambre. Linda la suit des yeux, bien surprise. Sa grand-mère a été absente pendant quatre mois.

Berthe entre, le visage sévère. La porte n'est jamais fermée. Linda court l'embrasser. Elle aime beaucoup sa grand-mère.

— Bonjour ! Tu as encore grandi. Tu seras bientôt plus grande que moi.

— C'est normal, explique Linda. Durant l'adolescence, les hormones de croissance sont en pleine activité.

— Ne me parle pas des hormones ! J'en prends chaque jour. Et je me suis tapé quatre mois d'hôpital et de convalescence à cause de ma glande thyroïde. Heureusement, ce n'était pas cancéreux. Et on se repose bien en Caroline du Sud. J'ai beaucoup aimé passer ce temps chez ma sœur. Ta mère est là ?

Linda a toujours des difficultés à mentir.

—Elle a dit qu'elle allait en ville. Et qu'elle rentrerait tard.

Berthe décèle un petit quelque chose d'anormal dans le ton de Linda. Elle entend le bruit de la machine à laver, au sous-sol.

—C'est bon. Elle t'a demandé de faire le lavage ?

—Non.

Linda se mord la lèvre, comprenant qu'elle vient de faire une erreur.

—Je ne suis pas pressée, dit Berthe en souriant, je n'ai rien à faire, je vais l'attendre. Et je vais t'aider avec la lessive. Qu'est-ce que tu lis ?

—Un livre sur les origines de l'univers et de la vie.

Berthe feuillette le volume.

—C'est trop compliqué pour moi. Tu as de la chance d'être intelligente, tu sais. Tiens, je vais me faire un thé. Et ton père ? Il va bien ?

— Il est sorti, il ne tardera pas.

— Alors, je mettrai toute une bouilloire. Mais pas avant d'avoir embrassé mes petits-enfants.

Martin et Jean-Noël se laissent embrasser, mais ils préfèrent vraiment la télévision. Berthe sourit, compréhensive.

— Tu devrais changer de coiffure, Linda. Celle-ci ne te va vraiment pas. Ce n'est pas comme ça que tu vas attirer les garçons.

— Je n'ai pas envie de les attirer.

— Attends encore un peu et tu changeras d'idée. Et puis, tu devrais aussi changer de lunettes. Celles-ci sont grosses à faire peur. On en fait de très fines, qui ne cacheraient pas ton visage.

— Papa n'a pas les moyens de m'en acheter d'autres. Il ne peut même pas m'acheter un ordinateur. C'est ce dont j'ai le plus besoin. Je passerais des heures sur Internet ! On dit qu'il y a tant de choses…

— Ta mère aurait pu t'en payer un.

Linda remarque le ton acerbe de sa grand-mère.

— Elle non plus, elle n'a pas tellement d'argent.

— Oui, elle en a. C'est pour ça que je suis venue. Bon, le thé doit être prêt.

Elles s'installent à la table de la cuisine. Linda pense à sa mère. Elle s'était déjà cachée ainsi une fois, quand l'inspecteur municipal était venu vérifier la fosse septique qui n'avait pas été vidée depuis trois ans. Linda avait trouvé très gênant de dire que sa mère était absente.

—J'espère que vous en avez profité pour aller souvent au lac.

—Oui ! Et puis la vieille maison a été vendue. Il y a un nouveau voisin. Gustave Nicanor Laprida. Il vient d'Amérique du Sud.

Elle lui apprend aussi que la maison appartenait à Lamarche et lui raconte l'histoire de la noyade.

—C'est horrible, ces choses qui arrivent. Il est bien, le voisin ?

—Oh ! oui. C'est un magicien.

—Vraiment ? Un vrai magicien ? Qu'est-ce qu'il fait ?

—Des tas de choses ! D'après toi, les magiciens, c'est vrai ou ce sont des trucs ?

—Généralement, ce sont des trucs. Cependant, il y a des gens qui ont de vrais pouvoirs. On appelle ça des pouvoirs paranormaux.

—J'ai lu que ça n'existe pas vraiment.

—Il n'y a pas que tes livres de sciences, ma fille ! Les pouvoirs paranormaux, ça existe, c'est prouvé. Des gens peuvent flotter en l'air, se trouver à deux endroits à la fois, guérir les maladies, mettre le feu à des objets sans y toucher, savoir d'avance tout ce qui arrivera, tordre des fourchettes à distance... Je connais une femme qui est médium. Elle communique avec les morts ! Oui, il y a de vrais magiciens.

— Le gros problème, d'après ce que j'ai lu, c'est qu'ils ne sont jamais capables de faire quoi que ce soit dans des conditions de laboratoire.

Linda prend plaisir à forcer la note. Elle sait bien que sa grand-mère adore les livres sur le zodiaque, la réincarnation, le spiritualisme.

— Pourquoi le feraient-ils ? Ils gardent leurs secrets pour eux. Les vrais magiciens vivent dans un monde mystérieux qui nous dépasse, que nous ne pouvons pas comprendre. Ils maîtrisent tout ce qui est inconscient chez les autres et font des miracles. Ils connaissent le surnaturel comme leur poche. Maintenant, bien sûr, je ne sais pas si ton Gustave a ces pouvoirs.

— Pour moi, il est juste très habile avec ses mains. Et il va rénover toute la maison. Il y aura peut-être du travail pour papa, ajoute-t-elle en le voyant entrer.

❑

André, la mine longue, embrasse sa belle-mère.

—Non, dit-il, ça ne s'annonce pas très bien. J'ai vu Roger. Il dit que, pour la plomberie et l'électricité, il ne veut pas faire les choses à mitaine. Je sais pourtant poser des fils et des tuyaux, et très bien ! Ce n'est pas ma faute si je n'ai pas les papiers, toujours des papiers. Même pour le revêtement, il préfère travailler avec son équipe. Là, je le comprends, ils comptent sur lui, mais un homme de plus, c'est toujours utile. Il m'a demandé un devis pour le champ d'épuration. Malheureusement, ce sera peut-être seulement pour le printemps.

—Je t'ai préparé du thé, dit Berthe.

—Merci, je prendrai une bière. Toi, ça a l'air d'aller bien. Tout à fait remise ? On ne croirait pas que tu as été malade.

—Ça a pris du temps, mais je suis en pleine forme. Je suis venue pour la procuration. Linda dit que Josette est allée en ville.

Étonné, André regarde sa fille. Il est entré par le garage, il a bien vu la voiture de Linda. Serait-elle partie avec des amies ?

—C'est quoi, une procuration ? demande Linda.

—C'est un document qui permet à une personne de s'occuper des affaires d'une autre si celle-ci n'en est pas capable. Comme j'allais m'absenter quelques mois, j'ai donné une procuration à Josette pour qu'elle s'occupe de ma maison, qu'elle paie les factures, qu'elle fasse faire des réparations si nécessaire.

Josette descend l'escalier, l'air chiffonné. En entendant André, elle s'est dit qu'elle ne pourrait pas rester cachée plus longtemps.

— Bonjour, maman ! dit-elle en l'embrassant. J'étais fatiguée, je me suis couchée. Je ne savais pas que tu viendrais. J'ai demandé à Linda de dire que j'étais sortie, pour ne pas être dérangée.

— Elle a fait le message, répond Berthe froidement.

André les observe sans comprendre. Josette ne prend même pas des nouvelles de la santé de sa mère. Elle semble sur la défensive, mal à l'aise.

— Je suis arrivée hier. Les voisins m'ont dit que vous étiez au lac. Ça m'a donné le temps de découvrir bien des choses !

Josette baisse la tête. Le ton de sa mère lui rappelle le temps où elle la grondait et elle se sent redevenir petite fille.

— Le téléphone a été débranché, dit Berthe.

— Pour économiser. Tu n'allais pas t'en servir, tu étais aux États.

— Ça me coûtera plus cher pour le faire rebrancher. Au moins, tu n'as pas arrêté l'électricité. J'ai trouvé trois factures de Sears qui n'ont pas été payées.

— Je voulais vérifier si tu avais bien acheté ces choses.

— En attendant, ils me facturent vingt-huit pour cent d'intérêt. C'est la même chose pour mon compte VISA. Et Master-Card a annulé ma carte et me menace de poursuites si je ne paie pas.

— Il y a beaucoup de fraude, tu sais. Je n'allais pas payer les yeux fermés. Je voulais m'assurer que tu avais bien fait ces achats.

— Josette, les grandes personnes ne doivent pas mentir. Je t'ai souvent appelée quand j'étais en Caroline. Tu aurais pu m'en parler.

— J'ai oublié.

André voudrait demander à Linda d'aller lire ailleurs, de ne pas assister à une dispute entre sa mère et sa grand-mère, mais les mots ne sortent pas.

— Le robinet du bain coule, et peut-être depuis des mois. Ça peut faire des dégâts. Tu aurais dû faire venir un plombier.

— Je n'avais pas remarqué.

Berthe a voulu garder le dernier coup pour la fin :

— À la caisse, on m'a dit que mon compte était à sec. J'avais deux mille dollars dans mon compte de chèques et plus de douze mille dollars dans mon compte d'épargne. Envolés ! Tu peux m'expliquer ?

— Je... Je ne sais pas de quoi tu parles...

— La gérante m'a montré les papiers. La caissière aussi se souvient. C'est toi qui as fait les retraits, c'est signé.

Josette sent des larmes lui couler sur les joues. Elle aurait dû rester cachée, s'enfermer dans sa chambre.

Et puis, non. Sa mère exagère, ce n'est pas la fin du monde.

— Pour toi, dit-elle, c'est l'argent, toujours l'argent ! Il y a autre chose, dans la vie ! Qu'est-ce que c'est, douze mille dollars ? Papa t'a laissé des tas de terrains dans la région. Pour toi, douze mille dollars, c'est de la petite monnaie.

Berthe se raidit. Quand elle était enfant, Josette avait aussi des arguments de ce genre quand elle se sentait coincée.

— Le douze mille dollars, c'était pour remplacer ma thermopompe. Ces terrains, c'est un investissement. Ils ne me rapportent rien. Au contraire, ils me coûtent cher en taxes. C'est mon fonds de retraite.

—Tu n'as qu'à en vendre un ou deux en attendant.

Un bruit brutal de tronçonneuse la fait sursauter.

—C'est le voisin, explique André. Roméo Deschamps. Il débite son bois.

—Et il fait ça toute la journée, ajoute Josette, heureuse de voir un changement dans le sujet de conversation. Ça me rend folle ! Et puis, c'est illégal.

—C'est facile à régler, dit Berthe.

Elle consulte l'annuaire local et compose le numéro du poste de police.

—C'est Berthe Lemieux. Je suis chez André Saunier. Le voisin, Roméo Deschamps, entrepose son bois dans sa cour, et même le long du chemin, et le coupe à la tronçonneuse du matin au soir. C'est contraire aux règlements municipaux. Des voisins se sont plaints ? Et il a déjà reçu des amendes ? Eh bien, ajoutez cette autre plainte. Un jour, il se fatiguera de payer des amendes.

Josette jette un coup d'œil victorieux à son mari. C'est bien ainsi qu'il faut agir quand on a une once de caractère.

Berthe ne se rassoit pas. Elle prend dignement son sac à main.

— Je te donne une semaine pour me rembourser. Une semaine.

— Mais, maman…

— Si tu ne me rembourses pas, je prends un avocat et je te poursuis en cour.

— Je n'ai pas l'argent.

— Tu vendras ta maison.

André, sidéré, essaie d'intervenir.

— Voyons, Berthe… Ta fille… Il y a moyen de s'arranger autrement…

— Si elle me rembourse, j'oublie tout. Si elle ne me rembourse pas, c'est une voleuse, ce n'est pas ma fille.

Elle sort, caressant gentiment au passage les cheveux de Linda.

Josette ne bouge pas. André se tourne vers elle, furieux.

— Tu lui as pris douze mille dollars ?

— Je les ai empruntés.

André serre les poings, incapable de parler.

— C'est écrit dans la procuration : agir au mieux des intérêts de la personne. Ces douze mille dollars m'en rapporteront le double. Dans un mois.

— Qu'est-ce que tu as fait avec cet argent ?

— Ça ne te regarde pas. J'ai bien le droit d'avoir des rêves !

— Des rêves de douze mille dollars ?

— Je ne veux plus en parler, un point, c'est tout. Laisse-moi m'arranger avec ma mère. Ces choses ne te regardent pas.

6

DE GROS NUAGES À L'HORIZON

IL FAIT CHAUD ET LOURD DEHORS, FROID ET LOURD DEDANS. ANDRÉ ET JOSETTE SE PARLENT ENCORE MOINS QUE D'ORDINAIRE. Josette répète que c'est juste une affaire entre elle et sa mère, qu'elle a la conscience en paix. André réagit en se murant dans un silence grandissant.

Les malaises familiaux sont toujours contagieux. Même Jean-Noël et Martin sentent que ça va mal. Linda a été terriblement blessée en entendant Berthe traiter sa fille de menteuse et de voleuse. Elle aime sa mère, elle aime son père, elle aime sa grand-mère. Pourquoi faut-il que les gens s'entendent aussi mal ?

Heureusement, elle a des livres, elle peut s'y plonger du matin au soir quand elle ne s'occupe pas de ses frères. Dès qu'elle ouvre un livre, elle est ailleurs, le monde lui pèse moins. Elle aimerait toutefois plonger aussi dans le lac.

Josette lit une revue dehors, à l'ombre, dans une chaise longue.

— Il fait tellement chaud ! s'écrie Linda. Ce serait bon d'aller au lac.

— Ce n'est pas le moment. Il faut attendre que ma mère se calme.

— Si tu ne l'appelles pas, tu ne sauras pas.

Linda est parfois aussi vive dans ses réponses que dans ses questions.

— Je te demande de me faire confiance. Je sais ce que je fais.

Elle pose sa revue sur ses genoux.

— Tu es une grande fille, Linda. J'aimerais te dire une chose. Tu ne devras pas encore en parler à ton père. Je le ferai moi-même. Quand il sera temps de le faire.

Linda sent un point dans le cœur. Elle pressent quelque chose de grave, qu'elle préférerait ne pas savoir. Par contre, elle est toujours curieuse de tout.

— D'abord, les douze mille dollars. Je ne suis pas une voleuse, tu le sais.

— Je ne l'ai jamais cru !

— Je les ai empruntés. Je ne pensais pas que ma mère reviendrait si vite. Un mois de plus, et je les aurais remis dans son compte sans qu'elle s'en aperçoive.

Linda ne dit rien. Elle a bien l'impression que sa mère n'aurait pas dû y toucher sans l'accord de Berthe, mais ces choses la dépassent.

— Bientôt, dit Josette, les yeux brillants, tout ira bien ! Nous aurons de l'argent. Enfin, plus que maintenant. Et nous irons vivre à Gatineau ! Dans une plus belle maison. Tu auras de nouveaux amis. Tu pourras les voir aussi souvent que tu voudras. Ce n'est pas comme ici, où on est loin de tout.

Une sorte de peur commence à faire son chemin dans le cœur de Linda. Jamais son père ne voudra déménager. Quelque chose se prépare…

— Et Bijou ?

— Bijou aussi. Et je t'achèterai un ordinateur. Je tiens tellement à ce que tu sois heureuse ! Tu verras, une nouvelle famille, c'est souvent très bon.

Linda comprend tout à coup.

— Tu veux quitter papa ?

Josette remarque la frayeur soudaine dans la voix de sa fille. Elle aurait dû s'y prendre autrement, y aller plus lentement. Mais ce qui est fait est fait.

— C'est ce qu'il y a de mieux pour toi et pour tes frères. Je suis déjà si heureuse en y pensant ! Mais il ne faut pas encore en parler, c'est promis ?

— Je ne dirai rien, murmure Linda, un nœud dans la gorge.

Elle a maintenant envie de regagner sa chambre, de se cacher sous les couvertures, de dormir jusqu'à la fin du monde. Et puis elle se dit que non et s'enfonce plutôt dans son livre, *L'histoire des inventions et des découvertes*.

Elle a du mal à se concentrer. Elle pense à Damoclès. Ce philosophe grec, leur avait raconté un professeur, s'était habitué à dormir avec une épée suspendue au-dessus de son lit. C'était pour lui un exercice de calme, de contrôle, de maîtrise de soi. Pour Linda, l'épée de Damoclès, c'est le projet dont sa mère vient de lui parler. Et elle éprouve plus de peur que de calme.

Le téléphone sonne dans la cuisine.

— Peux-tu aller répondre ? Je n'ai pas envie de me lever, dit Josette.

C'est son amie Renée, la cousine de Daniel. Quand Linda était plus jeune, Renée venait parfois les garder si ses parents sortaient le soir, ou si sa mère s'attardait à Gatineau tandis que son père travaillait tard. Depuis quelque temps, André et Josette trouvent que Linda est suffisamment sérieuse et responsable pour s'occuper de ses frères durant leur absence.

— Daniel nous invite à nous baigner dans le lac, dit Renée. Aimerais-tu venir ? C'est la maison qu'ils sont en train de rénover. Tu sais, à côté de chez ta grand-mère. J'y vais avec Bernard et Pascale. On peut te prendre en passant.

Linda n'a pas tellement envie de revoir Bernard, mais ça lui changerait les idées, un bel après-midi avec des amis. Et elle reverra Gustave. Sait-il que Bernard sera là ? Ce dernier ne doit pas être très fier de leur soirée.

— Attends une seconde, je demande à ma mère.

❑

Le chemin qui mène au lac fait bien des zigzags. Au dernier tournant, Linda éprouve un choc.

C'est extraordinaire. Une maison neuve a pris la place de la bâtisse en ruine. Elle a la même forme tout en étant méconnaissable, enveloppée de vinyle jaune et couverte de bardeau vert foncé, avec de belles fenêtres spacieuses.

Gustave et Daniel sortent en entendant la voiture.

— Bonjour, les jeunes ! dit-il. Alors, Linda, ce n'est pas de la magie ?

Elle en est encore bouche bée.

— Comment tu as fait ?

— J'ai suivi les conseils de Boissonneau. Il a suffi de recouvrir les murs de cèdre avec ce vinyle qui a déjà sa couche d'isolant. Heureusement, la charpente du toit était assez solide pour le nouveau bardeau. La maison a été construite en 1920, avec des poutres comme on n'en trouve plus.

— Et l'intérieur ?

— Venez, je vais vous montrer.

Bernard est resté figé en reconnaissant Gustave.

— N'aie pas peur, garçon, lui dit ce dernier à voix basse. À ton âge, on fait parfois des sottises. Tu as surtout eu de la chance d'être tombé sur moi. Mais je te tiens à l'œil ! Encore un faux pas, et je te transforme en crapaud ou en souris.

— Je ne recommencerai jamais, marmonne Bernard, la voix enrouée.

À l'intérieur, on se croirait dans un chantier, avec les murs éventrés, des piles de bois, un établi de menuiserie, des outils à droite et à gauche.

— La structure est impeccable, explique Gustave. Et j'ai plein de surprises. En arrachant le linoléum, je suis tombé sur un magnifique plancher de chêne. Regardez-moi ça, c'est splendide ! Il suffira de sabler et de vernir. L'escalier est détestable, il faudra tout visser. La cuisine, c'est à refaire. Je peux garder les armoires, mais je changerai les portes. On a même trouvé que la plomberie était superbe, en vrai cuivre. Sauf quelques joints en fer, déjà rouillés, et les vieux robinets, qu'on remplacera.

Daniel étale sur la table une série de diagrammes décrivant les réparations.

—On en a pour le reste de l'été, dit-il, l'air heureux.

À peine entrée, Pascale éternue à deux reprises.

—Excusez-moi, dit Gustave, c'est plein de poussière.

—C'est moi qui m'excuse. J'ai le nez trop délicat.

Linda se dit qu'elle a là une occasion de se faire valoir aux yeux de Gustave.

—Tu éternues à cause des muqueuses présentes à l'intérieur de ton nez. Si une poussière, un pollen, une particule de fumée s'y dépose, tu veux t'en débarrasser. Les autres n'ont pas eu de poussière dans le nez. Ou bien, elle ne les a pas dérangés. Les muqueuses sont parfois très sensibles, comme quand tu as le rhume, ou, au contraire, plus résistantes.

Pascale hausse les épaules. Pourquoi chercher à tout expliquer, à se poser des tas de questions ? Elle a le nez délicat, c'est tout et ça suffit.

— Moi, dit Renée, je me suis toujours demandé d'où ça vient, la poussière.

— C'est facile ! s'écrie Linda. Dans l'air, il y a plein de choses qui flottent. De la terre, du pollen, des spores, des bactéries, des particules de fumée qui viennent des voitures, des cheminées, des cigarettes…

Linda s'arrête, un peu gênée d'être devenue un centre d'attention.

— Tout à fait exact, confirme Gustave. Quand les vêtements s'usent, cela veut dire qu'ils perdent des bouts de fibre. Quand tu fais la cuisine, tu produis de la fumée, tu laisses tomber de la mie de pain… Tu perds des peaux mortes à longueur de journée. Il y a des poils de chat, des insectes qui se décomposent… Toutes ces petites choses s'envolent dans le courant d'air, puis finissent par se poser sur les meubles, sur le plancher. As-tu vu tes parents vider l'aspirateur ? Il y a vraiment plein de choses dans la poussière. Si tu avais un microscope, tu pourrais les regarder et les identifier.

— C'est ce que j'aimerais, à Noël, murmure Linda. Un microscope ! Ce doit être fascinant tout ce qu'on peut voir !

Elle baisse les yeux. Elle sait que c'est trop cher, ses parents ne pourront jamais lui faire un tel cadeau. Gustave remarque sa tristesse soudaine.

— Faisons des listes, propose-t-il. Toi, Renée, qu'aimerais-tu ?

— Une voiture. D'occasion, bien sûr. J'aurai déjà mon permis.

— À la campagne, c'est bien utile. Daniel ?

— Des livres. Ou un nouvel ordinateur.

— Bernard ?

— Un *Play Station*. J'ai vu les derniers modèles, c'est fantastique.

— Pascale ?

— Je ne sais pas.

— Qu'est-ce qui te rendrait heureuse ?

— Un bébé, avoue-t-elle en rougissant un peu.

Gustave la regarde, incrédule. Pascale n'a pas seize ans.

— À ton âge ?

— Justement, à mon âge. Avec un bébé, je n'aurais plus à aller à l'école. J'aurais droit au bien-être social. Je n'aurais jamais besoin de travailler.

Elle a dit cela avec assurance, elle y a vraiment réfléchi. Linda la trouve bien myope ou bien naïve. Gustave ne tient pas à discuter.

— Bon. Mais vous êtes venus vous baigner. Vous pouvez vous changer dans les pièces du haut. Toi aussi, Daniel, prends donc une heure de repos. Moi, je continue à travailler, j'irai au lac plus tard.

Linda est la première à descendre. Avec une question.

— Tu n'as pas dit ce que tu voudrais à Noël.

Gustave a l'air soudain tout illuminé.

— Ma femme est enceinte. J'aimerais avoir une petite fille qui te ressemble.

Linda trouve cela très gentil et plutôt embarrassant.

— Je n'ai rien de spécial.

— Là, tu te trompes. Regarde en toi, regarde autour de toi, et tu trouveras que tu as quelque chose de très particulier. Je souhaite que cet été soit pour toi l'été des découvertes ! Et, surtout, que tu découvres ce que tu es.

❑

Renée a apporté un jeu de pelote basque en plastique et les jeunes se lancent la balle tout en nageant, soutenus par des nouilles flottantes. Linda abandonne assez vite, trouvant Bernard trop brutal et trop enclin à la bousculer malicieusement. Elle évite de s'éloigner de la rive, alternant la brasse et la nage sur le dos. Sans trop s'en rendre compte, elle se retrouve près du quai de sa grand-mère, qui prend du soleil en buvant un thé glacé.

— Bonjour ! Monte, je te sers une tasse. Il y a longtemps que je t'ai vue.

— Maman est très occupée.

Berthe éclate de rire.

— Elle a surtout peur de me voir. Et elle a raison ! Toi, tu peux venir quand tu veux. S'il fait chaud, donne-moi un coup de fil et je vais te chercher. Tu sais, c'est très bien, ce que fait Gustave. Je me sens mieux avec une maison neuve à côté, l'autre était triste à mourir. Ton père s'est trouvé un travail ?

— Pas encore.

— Dommage. Ne pas travailler, ça le gruge. Tu as dû t'en rendre compte.

Linda ne veut pas ajouter que bien d'autres choses semblent préoccuper son père. Et qu'une autre brique lui tombera sur la tête, quand Josette lui annoncera sa décision. Berthe, toujours attentive, remarque ses yeux mouillés.

— J'ai pensé lui demander de refaire ma fosse septique, mais je le connais, il ne voudra pas se faire payer. Il est toujours trop bon, trop serviable. J'essaierai de trouver un moyen de l'aider. Quand j'aurai réglé mon affaire avec ma fille.

Linda finit son thé. Elle voudrait lui poser des questions sur les douze mille dollars, mais n'ose pas en parler.

— Merci ! Maintenant, je vais rejoindre mes amis.

— Dis-leur qu'ils peuvent utiliser mon quai, ça ne me dérange pas.

Quand elle retrouve les autres, Daniel est retourné travailler. Gustave arrive, en maillot.

— J'ai envie de traverser le lac. Ça doit faire deux cents mètres, pas plus.

— Trois cents, dit Linda. J'ai mesuré sur la carte.

— Tu viens avec moi ?

— Je ne nage pas assez bien.

Renée, très sportive, accepte l'invitation. Linda les regarde s'éloigner et regagne la maison. Daniel est en train de dévisser les portes des armoires de la cuisine. Il travaille méthodiquement, empilant les volets les uns sur les autres, déposant les vis dans une gamelle.

— Je peux t'aider ?

Pendant qu'elle tient le ruban, il inscrit sur ses plans la distance entre chaque porte et les murs voisins. Linda est ravie de se sentir utile.

— Dans une maison, explique Daniel, il faut tout prévoir. Autrement, tu achètes un meuble qui n'entre pas par la porte, ou tu installes un système d'aspirateur central qui ne se rend pas dans tous les coins. Avant de poser ton câblage électrique, tu dois savoir quels appareils tu utiliseras, et où. C'est la beauté de préparer une maison ! J'aime ce travail.

— C'est ce que tu voudrais faire plus tard ?

— Je ne crois pas. Ce qui m'attire le plus, ces temps-ci, ce sont les livres. Pas les sciences, comme toi. Plutôt la littérature. Écrire des romans. Ou enseigner. Ou devenir bibliothécaire. L'important, ce sont les livres.

— C'est nouveau, remarque Linda.

— Cet été, je découvre plein de choses. Sur moi. Sur les autres. Sur la vie. J'ai rencontré un homme étrange… Boris…

— Gustave aussi a parlé d'un Boris. Qu'est-ce qu'il avait de spécial, le tien ?

— C'est difficile à expliquer. Boris vit en Afrique. Il a déjà joué avec des lions. Tu devrais voir ses cicatrices ! Mais ce n'est pas ça. Je l'ai aidé à retrouver sa fille. Jade*. Étrange, elle aussi…

Linda sent tout son visage s'éclairer.

— Tu es amoureux ? C'est vraiment fini, Pascale ?

* Voir, du même auteur : *Retrouver Jade*, roman, Soulières éditeur, 2003.

— Là aussi, je me suis ouvert les yeux. Une fille qui rêve de vivre du bien-être social… Non, ça ne m'intéresse pas. Et je ne suis pas amoureux de Jade. C'est autre chose. Comprendre qu'il y a, dans la vie, des affaires très importantes et d'autres qui ne le sont pas. Jade a failli être tuée. Ça, c'est sérieux. Je crois surtout que Boris m'a appris à voir clair.

— Eh bien, c'est dommage qu'il vive en Afrique ! J'aurais aimé le rencontrer, moi aussi. Parce que bien des choses ne me semblent pas claires.

7

LE CHAT ET LE LAPIN

En tondant le gazon, André remarque, à plusieurs reprises, une odeur nauséabonde qui provient de chez le voisin. C'est là, un tas de viande pourrie au pied d'un arbre. Roméo Deschamps est aussi en train de tondre sa pelouse.

— Ça pue, cette charogne. Tu pourrais au moins l'enterrer.

— C'est du poison. J'ai des ratons laveurs qui rôdent.

— Le chat de ma fille vient souvent ici. Ce n'est pas prudent.

— Ici, c'est chez moi, je fais ce que je veux. Il n'a qu'à ne pas se faufiler à travers la clôture. Je ne me mêle pas des affaires des autres, moi. Chaque fois que tu me dénonces parce que je fais un peu de bruit, je paie une amende.

— Ce n'est pas moi qui ai appelé, c'est Berthe.

— Ne te cache pas sous les jupes de ta belle-mère ! Toi, tu ne fous rien de la journée. Moi, j'essaie de gagner ma vie. Alors, fiche-moi la paix.

André, blessé et frustré, finit de passer la tondeuse. Le téléphone sonne. Encore quelqu'un qui refuse un devis ou qui ne peut pas le payer pour un travail.

— Tiens, Berthe ! Non, ça va mal, comme toujours. Et je commence à en avoir plein mon casque ! Il n'y a pas de travail, je suis à mon compte, je n'ai pas droit à l'assurance-emploi… Et Josette qui vous doit tout cet argent… Je ne veux pas me retrouver sur le bien-être social, moi. Des fois, j'ai envie de…

— Pour l'argent, ça peut encore attendre. J'ai lu les feuilles de thé, elles me disent de patienter. Dis, je ne t'ai pas vu à la messe, dimanche.

— Je n'y vais plus. Pour ce que ça me donne…

— Moi, j'y tiens. C'est une belle occasion de revoir des amis, de reprendre contact. J'appelle parce que Gustave vous a invités pour un barbecue, samedi.

— Oui. Je ne sais pas si j'irai.

— Tu viendras, ça te remontera le moral. Venez donc au chalet vendredi. On annonce des journées très chaudes.

— Josette travaille au supermarché.

— Viens avec les enfants, elle nous rejoindra dans la soirée.

❑

Linda a passé une belle journée de baignade, de lecture ; elle a joué avec ses frères, elle a aidé sa grand-mère à préparer les repas. Berthe n'a pas vu Josette depuis longtemps. Pourvu qu'elles finissent par se réconcilier ! Son père a apporté une caisse de bière et boit plus que d'habitude. Elle n'aime pas ça. Et il est trop silencieux, il faut lui arracher les mots au compte-gouttes.

Depuis des semaines, elle observe ses parents avec inquiétude, s'attendant toujours à un autre accrochage. C'est pénible. Depuis que sa mère lui a fait part de ses intentions, Linda vit dans l'angoisse, prévoyant le pire. Ses livres de sciences représentent son unique passerelle vers un monde plus calme.

Le soir, elle appelle Bijou. Elle a eu un frisson d'horreur en apprenant que le voisin voulait l'empoisonner. Pourquoi des gens sont-ils aussi méchants ? Depuis, à la maison, elle évite de le laisser sortir tout seul.

Le chat ne répond pas. Elle fait plusieurs fois le tour de la propriété. Il est peut-être sur un arbre, à l'affût d'un oiseau ou d'un petit suisse, bien caché dans les branches.

Non, il n'est nulle part. Elle se rend du côté du ruisseau. Bijou ne s'y aventure pas, il n'aime pas l'eau, mais il a pu suivre un mulot et glisser. Il n'est pas là. De plus en plus inquiète, elle va trouver Gustave.

— Bonjour, Princesse. On a eu une belle journée, n'est-ce pas ?

— Oh ! oui ! As-tu vu mon Bijou ? Je ne le retrouve plus.

— Non. Quel bijou ? Un collier ? Un bracelet ?

— Bijou, c'est mon chat. Je l'appelle, et il ne vient pas.

— C'est un joli nom, Bijou. Les chats aiment explorer, mais ils se rappellent l'endroit où ils habitent. Il ne doit pas être loin, il reviendra quand il aura faim.

Linda hoche la tête. Elle a presque envie de pleurer. Pour lui changer les idées, Gustave apporte un jeu de cartes. Il ne les mélange pas comme tout le monde. Il les fait glisser sur son bras, sur son genou, les rattrape au vol, les divise en petits tas et les regroupe. Linda l'observe, émerveillée.

— Maintenant, il faut les chercher. Que veux-tu ?

— La dame de pique.

— La voici. Une autre.

— Le sept de carreau.

— Ici. Une autre.

— L'as de trèfle.

Gustave manipule le jeu, de plus en plus surpris.

— Il n'est plus là. Je crois que tu l'as caché.

— Je n'y ai pas touché !

Il la dévisage, soupçonneux. Puis il sourit, met la main sur le cou de l'adolescente et en tire l'as de trèfle.

— Je veux apprendre à faire ça !

— C'est très facile. Regarde.

Elle va enfin connaître un secret de magicien ! Gustave lui montre comment il tenait la carte dans un pli de la paume. Elle essaie en vain de l'imiter.

— Tes mains sont trop petites, Princesse. C'est encore une chose que tu apprendras en grandissant. Si je vois ton chat, je t'appelle.

❑

Linda a passé une bien mauvaise nuit. Le moindre bruit la réveillait. Elle tendait l'oreille, croyant, espérant que c'était un miaulement de chat, puis se rendormait. Durant la matinée, elle l'a encore cherché partout. Elle imaginait Bijou sous les pattes d'un ours, dans la gueule d'un renard, écrasé par une voiture.

— Il reviendra, ton minou, n'arrête pas de répéter Berthe. Et il est temps d'y aller. Gustave doit déjà nous attendre.

Pour aller d'un chalet à l'autre, il suffit d'enjamber un restant de clôture. Depuis la veille, Berthe et Josette ressemblent à deux adversaires avant un match. Elles se parlent, sans plus, évitant de mentionner les douze mille dollars. Jean-Noël et Martin se tiraillent de temps en temps. André suit le courant, comme un automate. Gustave les accueille avec effusion et exubérance.

— Bonjour ! Je vous présente Zenash.

Linda s'arrête, bouche bée. Elle n'a jamais vu de femme aussi belle. Gracieuse, fine, souple, souriante, Zenash dégage une grande douceur.

— Zenash ? répète Berthe, étonnée.

— C'est un beau nom, n'est-ce pas ? Il roule dans la bouche, on a envie d'y croquer ! Zenash est Éthiopienne. Je l'ai rencontrée lors de mon premier voyage à Addis. Depuis ce jour, tout est devenu magnifique dans ma vie.

Ils ont l'air vraiment amoureux. Linda se sent bien tout à coup, comme si une immense sérénité contagieuse, réconfortante émanait de Zenash.

La brise lui apporte une vive odeur de viande grillée. Linda s'en étonne tout à coup. Comment peut-on sentir quelque chose de si loin ?

— Tu as l'air bien perplexe, note Gustave.

— Pourquoi des choses sentent bon et d'autres sentent mauvais ? Et pourquoi d'autres ne sentent rien du tout ?

— C'est facile, dit Zenash en apportant un bol. Ferme les yeux et dis-moi ce que tu sens dans la vinaigrette.

— De l'ail, de l'oignon, du vinaigre balsamique et du sésame. Et un peu de…

— Du cumin. Si tu laisses un bol d'eau sur le comptoir, le niveau baisse de jour en jour. Si tu y mets du sable, il en reste toujours la même quantité.

— Oui. Parce que l'eau s'évapore.

— C'est la même chose pour les produits organiques. Ils sont volatils. Ils se décomposent très lentement. Des molécules se dissipent dans l'air et quelques-unes se posent sur les petits récepteurs olfactifs que tu as dans ton beau nez. Tu trouves cela agréable ou désagréable selon le type de molécule, surtout quand il y a du carbone, du soufre ou du chlore.

— La saveur, c'est pareil, réfléchit Linda. Dans ce cas, les papilles gustatives reconnaissent les molécules et les trouvent appétissantes ou déplaisantes.

— Avec une fille comme ça, commente Gustave, vous ne devez pas vous ennuyer ! Zenash est chimiste. Et Linda a toujours plein de questions !

Linda regarde Zenash avec admiration. Une chimiste ! Elle pourra lui expliquer tant de choses !

— Vous êtes chanceux, dit Zenash à André et Josette. Avoir un enfant, c'est redécouvrir le monde.

— C'est bien vrai ! s'exclame Berthe. Quand tu étais petite, dit-elle à Josette, tu posais aussi des tas de questions. J'aimais ça.

Josette fait la moue. Pour elle, Linda s'interroge surtout sur des choses inutiles, qu'on n'a pas besoin de savoir.

Daniel arrive, souriant, énergique. Son père l'a déposé sur la route et il vient de marcher un kilomètre, un de ses grands plaisirs.

— J'ai de bonnes nouvelles, annonce-t-il. Boris n'est pas encore retourné en Afrique, il attend d'être parfaitement rétabli. Il a été bien content d'apprendre que tu t'installes dans la région. Je lui ai donné ton numéro de téléphone.

— Splendide ! Je ne pensais certainement pas le revoir ici.

Plus tard, quand Gustave apporte la viande sur un grand plat, Linda se fige. Une idée horrible…

— C'est du lapin, déclare-t-il.

Elle a déjà mangé du lapin, mais son père le dépèce toujours avant de le cuire. Gustave en a placé deux au complet sur le gril, les pattes écartées.

— Je te jure que ce n'est pas ton chat, dit Gustave. On dit que les côtes des chats sont arrondies, tandis que celles du lapin sont aplaties. Et puis…

Il rentre dans sa maison et revient avec quatre pattes de lapin.

— Mon boucher me les a vendus avec leurs pattes. Pour bien des gens, ce sont des porte-bonheur. En veux-tu une ?

C'est doux, comme celle de Bijou, mais elle est grise et blanche. Et un peu étrange à tenir dans la main, rigide, sans le corps qui devrait aller avec.

— Tu peux faire un souhait. D'après mon boucher, ça marche toujours.

— Je voudrais que Bijou revienne.

— Eh bien, je crois que c'est un souhait qui se réalisera.

Elle prend du temps à se décider à manger. Si c'était Bijou ? Elle avale une bouchée, puis une autre, et en redemande. Berthe veut tout savoir de l'Éthiopie et Zenash a plaisir à lui en parler. Même Josette commence à s'intéresser à ce pays, dont elle ne connaît que de vagues histoires de famine et de guerre. André intervient très peu. Morose, il vide une bouteille à lui seul, de plus en plus endormi.

— J'aimerais bien apprendre la chimie, dit Linda. C'est très compliqué ?

— Pas pour moi, dit Zenash. D'un côté, tu as des expériences. C'est très physique, très terre à terre, toujours fascinant. D'un autre côté, tu as les formules. C'est comme les mathématiques. De la logique.

— Justement, lance Berthe, Josette et moi, nous avons un problème de mathématiques. Nous finirons par le résoudre.

Gustave comprend, à leur visage, qu'il s'agit d'une affaire délicate.

— Je connais un jeu très intrigant. Vous verrez, c'est aussi bon que de la magie. Attendez-moi une seconde.

Il revient avec une boîte de clous, en compte dix-sept et les met sur la table.

— Il me faut trois joueurs.

Josette dit qu'elle n'est pas bonne avec les chiffres. André secoue la tête, il n'a pas le cœur à jouer à quoi que ce soit.

— Bon, dit Gustave. Daniel, tu prends la moitié des clous. Linda, un tiers. Berthe, un neuvième, c'est-à-dire le tiers d'un tiers. Allez-y.

Il allume une cigarette en souriant. Daniel, Linda et Berthe calculent dans leur tête et se regardent.

— C'est impossible. La moitié, c'est huit clous et demi. Je dois couper un clou en deux ?

— Surtout pas ! Les deux bouts ne seraient pas pareils. Linda ?

— Le tiers, c'est un peu moins que six. Ça n'arrive pas, ton affaire.

Berthe sort une calculatrice de poche.

— Un neuvième de dix-sept, c'est 1.888. On ne peut pas faire ça avec des clous.

Gustave a l'air songeur.

— Et pourtant… Tiens, j'ai trouvé ! J'ajoute un clou.

— Alors, tu triches, proteste Linda.

— Pas du tout. Tu verras. Maintenant, on a dix-huit clous. Bon, allez-y.

— J'en prends la moitié, dit Daniel. Ça me fait neuf.

— J'en prends le tiers, dit Linda. Six clous.

Berthe tape les chiffres sur sa calculatrice.

— Dix-huit divisé par neuf, ça me fait deux.

— Et j'ai toujours mon clou, dit Gustave. Vous voyez, je n'ai pas triché.

Plutôt éberlué, Daniel compte les clous.

— Neuf pour moi, six pour Linda, deux pour Berthe… Ça fait dix-sept, en effet. Je ne comprends pas.

Gustave remet les clous dans la boîte.

— Mon clou, c'était le catalyseur. Il vous a permis de faire les calculs, c'est tout. J'aime ce problème. Il montre que la solution, c'est parfois de regarder ailleurs.

❑

Quelle belle journée, et si riche ! Linda a longtemps parlé avec Zenash, qui la traite d'égale à égale, pas comme une enfant. Elle a appris que Zenash a juste vingt-deux ans, la moitié de l'âge de Gustave. Ça l'a grandement étonnée : elle n'est pas habituée à ces différences. Là aussi, elle découvre des choses nouvelles.

Le grand problème, c'est que Bijou n'est pas revenu. Lui ont-ils fait peur en l'appelant à tue-tête durant la soirée ? Ses parents sont rentrés avec Jean-Noël et Martin. Linda est restée au chalet, refusant de partir sans son chat. Elle sait qu'un chat peut très bien survivre en forêt. En été, il ne leur est pas difficile de se trouver des mulots, des insectes, des oiseaux. Elle a souvent vu Bijou sauter sur des mouches ou grignoter de l'herbe. C'est un chat débrouillard, il ne se laissera pas mourir de faim. Cependant, les chats et les chiens ont toujours envie de rentrer chez eux. Il y en a même qui ont retrouvé leur maison à des dizaines de kilomètres de l'endroit où ils se sont perdus. Mais Bijou a pu s'égarer en chemin. Ce n'est pas facile, quand on voyage toujours en voiture. Il ne peut rien reconnaître.

Le lendemain, elle le cherche encore, et encore en vain. Elle se sent pleine de soupçons, en dépit de la patte de lapin. Dans l'après-midi, une idée lui vient. Elle se précipite chez Gustave. Il a passé la nuit chez lui, chemin des Érables, mais il est revenu travailler avec Zenash.

— L'as-tu retrouvé ?

— Non. J'ai pensé qu'il a pu venir ici. Il a pu se cacher dans une chambre, dans une armoire. On l'a enfermé, il ne peut plus sortir.

— Allons voir, dit Zenash.

Elles fouillent partout. Rien. Quand elles descendent, Gustave est en train de revisser les portes des armoires de cuisine. Linda renifle, les larmes aux yeux.

— Je crois que nous l'avons mangé. Ce n'était pas du lapin !

— Linda, tu ne peux pas penser cela ! Et puis, ma mère était Égyptienne. En Égypte, le chat a toujours été un animal sacré. Un membre de la famille. Quand ils mouraient, on les embaumait, comme les humains.

Elle trouve cela intéressant, rassurant. Enfin, un petit peu.

— Des fois, Bijou reste dehors. Mais pas deux nuits de suite. Et grand-mère veut rentrer, elle est invitée chez une amie.

— Moi, je viendrai chaque jour. J'ai bien des choses à finir. On doit aussi me livrer des meubles, un nouveau frigo, un poêle… Bijou se fatiguera de courir autour et reviendra un jour ou l'autre. Dès que je le vois, je t'appelle.

— Je te laisserai de la nourriture.

Vers six heures, quand Berthe décide de partir, Linda apporte son sac de moulée. Zenash, dans le jardin, regarde intensément le lac.

— C'est tellement beau, ces forêts ! Je voulais te demander une chose. Depuis hier, je pense à ton père. Il n'a pas toujours été comme ça, n'est-ce pas ? Je veux dire silencieux, morose, renfermé.

— Non. C'est depuis qu'il ne trouve pas de travail. Des problèmes d'argent.

Elle ne veut pas mentionner les douze mille dollars ni ses accrochages avec Josette. Et surtout pas les projets de celle-ci, qui lui tordent encore le cœur.

— Je crois qu'il est malade, dit Zenash.

— Il n'a jamais été malade !

— Je pense qu'il commence une dépression. J'ai déjà vu ça, mon père est passé par là, et c'était plutôt pénible. Comme si on s'enfonçait dans un trou. Il faudra faire attention. S'occuper de lui. Tu comprends ?

Linda ne bouge pas, sidérée.

— Très discrètement. Autrement, c'est pire. Mon père songeait même à se suicider. Des fois, des bonnes nouvelles suffisent à remettre quelqu'un sur pied. Le mieux serait de parler à quelqu'un qui s'y connaît. Si jamais tu as l'impression que ça va mal, appelle-moi.

Linda hoche la tête. Une autre tuile ! Comme si ça n'allait pas déjà assez mal dans la famille !

8

LE TESTAMENT

LINDA SE SENT TRISTE À MOURIR. DÉJÀ JEUDI, ET TOUJOURS PAS DE NOUVELLES DU CHAT. GUSTAVE OU ZENASH APPELLENT CHAQUE jour pour dire qu'ils ne l'ont pas vu.

— On t'en achètera un autre, propose sa mère pour la consoler.

— Un autre, ce ne sera pas Bijou.

C'est comme lui proposer une nouvelle famille, un nouveau père. Elle ne veut pas !

— Et tu commences à nous fatiguer avec ton chat, grogne André. Tu as quatorze ans, tu n'es plus une enfant. Tant d'histoires pour une bête…

Linda baisse les yeux. Elle n'est pas habituée à entendre son père lui parler de cette façon. C'est vrai, se dit-elle, se rappelant les commentaires de Zenash, il n'est pas dans son état normal. Pourquoi les choses vont-elles si mal, des fois ? Et elle ne peut rien faire, rien du tout. Sauf se laisser ronger par le stress.

Un bruit terrible de moteurs arrive de dehors.

— Ça y est, ça recommence ! s'écrie André. S'il continue, je prends mon fusil...

Roméo, le voisin, se montre de plus en plus hostile à mesure que les plaintes s'accumulent. La ville lui a donné trois semaines pour retirer le bois de sa cour. On enquête aussi sur la façon dont il se débarrasse de la sciure. Des gens l'ont vu la déverser à droite et à gauche dans la forêt et même dans des ruisseaux. Pour se venger, il a acheté des véhicules motorisés à ses deux enfants qui passent et repassent dans les alentours en faisant un vacarme assourdissant.

Le téléphone sonne.

— Réponds donc, dit Josette.

— Je ne veux parler à personne. On me demandera encore un devis, pour donner le contrat à quelqu'un d'autre. Qu'ils aillent tous au diable !

En maugréant, Josette prend l'appel. C'est sa mère.

— Cette nuit, j'étais au chalet, j'ai entendu un chat miauler. À cinq heures du matin ! Quand j'ai fini par me lever, je n'ai rien vu. Ce matin, je l'ai aperçu. C'était Bijou. Je l'ai appelé, mais il ne s'est pas approché. J'ai laissé un peu de viande hachée dans une soucoupe. Il a tout mangé, puis il est disparu.

— Alors, il est là. Linda sera contente !

— Justement, il faut qu'elle vienne. Avec moi, le chat se méfie, il ne me connaît pas vraiment. Aujourd'hui, tu travailles, n'est-ce pas ?

— Oui, je pars dans quinze minutes.

— Parfait. Passe par ici et amène Linda. Tu la reprendras à ton retour.

— D'accord. Pourvu qu'il soit encore là !

— Autre chose, Josette. Je me suis tiré les cartes. Pour mon argent, je te donne jusqu'à la fin du mois. Pas un jour de plus. C'est compris ?

— Oui, maman.

Linda se prépare en vitesse. Bijou est toujours vivant ! Et puis, elle préfère passer la journée avec sa grand-mère plutôt qu'avec un père maussade.

❑

Linda se sent trépidante. Sa mère roule trop lentement. La route s'est allongée comme un élastique. Sa montre avance à peine. Bon, voici le chemin de terre battue, voici enfin le chalet ; elle court déjà dans le jardin.

— Bijou ! Bijou ! C'est moi !

Berthe sort, en souriant.

— Ne crie pas comme ça, tu vas l'effrayer. Il est quelque part. Donne-lui le temps de te voir, de te reconnaître.

Linda aperçoit Gustave, affairé à travailler dans son jardin. Il a délimité une section où il veut cultiver des légumes et des fines herbes. On lui a livré de la terre noire qu'il est en train d'étendre sur les futures plates-bandes.

Il lui fait signe d'approcher. Linda doit s'arrêter à la clôture que Gustave a commencé à redresser. Elle se sent triste ; cela veut dire qu'on ne pourra plus passer librement d'une propriété à l'autre.

— Elle traînait à terre et c'était dangereux, explique-t-il. On pouvait se mettre le pied dedans, tomber, se blesser sur des roches. Je vais planter une haie de cèdres. Quand elle sera assez haute, j'enlèverai la clôture.

— Alors, il y aura toujours une barrière. Pourquoi ?

— Pour bien voir où mon terrain finit et où commence le tien. Si on ne le savait pas, je pourrais aller chez toi et couper des arbres qui te plaisent, ou planter des tomates sur le chemin que tu prends pour descendre au lac. Le plus pratique, c'est de voir jusqu'à quel endroit c'est chez toi et jusqu'à quel endroit je peux faire ce que je veux.

Ça n'empêchera pas ton chat de me rendre visite ! Toi non plus, j'espère.

— Tu as vu Bijou, toi aussi ?

Gustave lui adresse un grand sourire.

— Dis-moi, croyais-tu vraiment qu'on l'avait mangé ?

— N-non…

— Des fois, dit-il, attendri, je me demande comment on réussit à savoir ce qu'une enfant peut avoir dans la tête.

Elle n'aime pas se faire traiter d'enfant. Elle préfère Princesse.

— Moi, souvent, je me demande plutôt ce que les adultes peuvent bien avoir dans la leur, répond-elle du tac au tac.

Il éclate de rire. Il aime sa vivacité.

— Bijou a passé la matinée ici, dans mon jardin, va savoir pourquoi. Je lui ai montré une gamelle avec ta moulée, mais il n'a pas voulu approcher.

— Où est-ce qu'il est ? Je veux le voir !

— Des fois, les chats boudent. Il a pu croire que tu l'avais abandonné.

— Je ne l'ai pas oublié ! C'est lui qui…

— Les bêtes comprennent parfois de travers. Comme les gens.

— Pas Bijou !

Soudain, Gustave change de visage. Elle reconnaît son air espiègle, comme quand il fait un tour de passe-passe.

— D'abord, on coupe une fleur. On respire son parfum, on souffle dessus, et...

Il fait semblant de jeter la fleur dans les airs, mais très très haut. Concentré, il regarde attentivement en direction des nuages.

— Je ne la vois pas, dit Linda.

— Oui, oui...Regarde bien. Elle retombe... Là-bas...

Elle suit la direction qu'il indique, à l'autre bout de la cour. Bijou avance tranquillement entre la forêt et le chalet. Linda se précipite.

— Ne cours pas si vite, lance Gustave, tu lui feras peur.

Elle fait un effort pour ralentir. Deux minutes plus tard, elle tient Bijou dans ses bras et ils s'engagent dans une longue conversation. Bijou l'écoute attentivement, lui répondant avec ses grands yeux ou un gentil coup de sa petite patte. Elle a retrouvé son camarade, son meilleur ami.

❑

Josette et Linda retournent à la maison vers huit heures. Linda ouvre la porte de la cage et Bijou se dirige tout de suite vers la cuisine.

— Eh bien, il faudra continuer à le nourrir, marmonne André.

Linda sent des larmes lui monter aux yeux. Elle aurait tellement voulu que son père partage sa joie ! Déconfite, elle va remplir la gamelle du chat.

— Ce n'est pas gentil, dit Josette. Linda l'aime beaucoup, Bijou.

André baisse la tête, un peu honteux.

— Et j'ai parlé à maman. Elle dit que les enfants de Roméo ont moins de douze ans et n'ont pas le droit de conduire des véhicules motorisés sur la route. Tu devrais t'informer et avertir la police.

— Fais-le toi-même, si ça te fait plaisir !

— Bon, ça va. As-tu soupé ?

— Un macaroni. Je n'ai pas les moyens d'aller au restaurant, moi.

Josette hausse les épaules. Linda a surtout envie d'être ailleurs. Pourquoi faut-il que ses parents soient toujours sur le gros nerf ? Elle songe à Zenash. C'est quoi, une dépression ? Comment ça se guérit ?

Josette prend le courrier qu'André a laissé sur la table sans l'ouvrir. Trois factures, dont deux portent l'avis RAPPEL sur l'enveloppe, et une lettre avec un timbre américain.

— Tiens, une lettre de Demers. Toujours en Floride. Tu ne l'ouvres pas ?

— Quand je le vois, je n'ai pas envie de lui parler. Je ne vois pas pourquoi je lirais sa lettre. Il n'a rien à me dire.

— Je peux l'ouvrir ?

— Pour moi, c'est comme si elle était déjà à la poubelle. Il m'a volé une fois, il ne me volera pas deux fois.

Linda s'en souvient vaguement, parce que sa grand-mère en a parlé. Léon Demers vient de Masham, il a même été à l'école avec André. Plus tard, quand André a acheté la maison, Demers, qui était notaire, s'en était occupé. C'est alors qu'il y a eu une fraude, mais Linda en a oublié les détails. Par la suite, Demers est devenu comptable agréé et s'est installé en Floride.

Josette ouvre l'enveloppe. Trois pages et un chèque de six mille dollars américains. Elle se met à lire. Son expression change au fur et à mesure.

— C'est très compliqué ! Pourquoi écrit-il en anglais ? Il a peut-être oublié son français, depuis le temps qu'il est aux États. Et tous ces chiffres…

Elle tend les trois pages à André.

— Tu devrais quand même lire ça. Ta tante Mariette est décédée.

— Mariette ? Ce n'est pas possible !

Linda s'en souvient mieux. Tante Mariette. Une dame très âgée, menue, l'air toujours un peu malade. Elle habitait en Floride, mais elle venait de Masham et retournait chaque année passer un mois au village. Assez souvent, elle demeurait chez eux. Elle ne l'a pas vue depuis quatre ans.

—Et il y a un chèque, dit Josette. Un beau chèque ! Je ne comprends pas pourquoi. Comme s'il faisait exprès pour qu'on ne s'y retrouve pas.

André prend vivement la lettre et se met à lire avec difficulté.

—Je n'y comprends rien, déclare-t-il. C'est sur la succession. Mariette devait bien avoir quatre-vingts ans. Elle n'était pas très forte, faut dire. Ça me rend triste.

Il prend une bière dans le réfrigérateur et recommence à lire.

—Beaucoup de chiffres, n'est-ce pas ? commente Josette.

—J'arrive à suivre, mais… Linda, tu es bien meilleure que moi en anglais. Veux-tu essayer ?

Linda prend la lettre, ravie de se sentir utile. Elle lit une fois, puis fait appel à toutes ses antennes, comme lorsqu'elle lit un ouvrage scientifique.

—C'est compliqué, mais c'est très simple. Veux-tu que je traduise ?

—S'il te plaît. Lentement.

— Concernant la succession de Mariette Lavigne…

— Le début, ça va. Il est l'exécuteur testamentaire. Les clauses.

— Première clause : elle lègue le tiers de son héritage à sa sœur Monique.

— Elles ont toujours été très proches. C'est combien, l'héritage ?

Linda parcourt encore la lettre.

— Ce n'est indiqué nulle part. Je continue ? Deuxième clause : elle lègue un cinquième de l'héritage, plus son condo, à son frère Maurice.

— Bonne idée. Maurice passe toujours l'hiver en Floride.

— Troisième clause : un sixième, plus sa maison à Montréal, à sa fille Julie. Je la connais ?

— Je ne crois pas, dit André. Tu n'étais même pas née. Mariette et Edmond, son mari, avaient un dépanneur qui a passé au feu. Ils ont touché l'assurance et ils se sont installés à Montréal. Il est mort peu après. Le cœur, je crois. Elle est vite tombée amoureuse d'un Américain. Ils avaient plus de soixante ans tous les deux ! Je les voyais parfois, ils semblaient très heureux. Quand il a pris sa retraite, ils sont allés vivre en Floride. Elle est devenue Américaine. Il est mort il y a dix ans, mais elle ne supportait plus le froid et elle est restée là-bas.

— Je me rappelle, s'écrie Josette. Oui, elle en a parlé. Sa fille Julie a pris la maison. Je croyais qu'elle l'avait achetée. Enfin, maintenant, c'est à elle.

André s'arrête, songeur. Tant de souvenirs…

— Quatrième clause, poursuit Linda. Un quart de l'héritage, avec son terrain à Wakefield, à son fils Pierre.

— Le chanceux ! C'est une grande propriété, sur la rivière. Je croyais que Mariette l'avait vendue. Ça ne m'étonnerait pas que Pierre s'y construise une maison. Il déteste ça, vivre à Gatineau.

Linda ne peut s'empêcher de jeter un coup d'œil sur sa mère, qui fait la moue.

— Cinquième clause : le reste de l'héritage va à mon neveu André Saunier, qui a toujours été un fils pour moi.

André renifle, ému.

— Mes parents sont morts dans un accident de voiture. J'avais treize ans. Mariette m'a vraiment accueilli comme une seconde mère. Quand elle est partie vivre à Montréal, j'étais déjà en âge de me débrouiller tout seul. Et puis, elle n'était pas vraiment ma tante. Je l'appelais comme ça, mais c'était une cousine de ma mère. Je n'en reviens pas qu'elle ait pensé à moi.

— Six mille dollars, note Josette, ce n'est pas gros, comparé aux autres.

André la dévisage sévèrement.

— C'est un geste, et un beau geste ! Une femme si généreuse… Sans elle, j'aurais abouti dans un orphelinat. Elle avait des neveux, des petits-enfants… Elle a pensé à sa sœur, à son frère, à ses enfants, et à moi. Ça me touche beaucoup.

— À la fin, dit Linda, on note qu'en encaissant le chèque, tu acceptes les conditions de l'héritage et les décisions de l'exécuteur testamentaire.

— Oui, ce sont des choses légales. Il n'y a rien à discuter.

Josette affiche un air rêveur.

— Six mille dollars, ça ferait patienter ma mère…

André serre les poings tout à coup.

— Tes dettes, c'est ton problème. Tu ne veux pas en parler ? Alors, ne compte pas sur moi pour t'aider. D'ailleurs, six mille dollars, même américains… C'est juste assez pour payer VISA, HomeCard, Sears et les autres. Je ne sais même pas s'il y en aura assez.

9

L'ANNIVERSAIRE DE BERTHE

BERTHE A VOULU CÉLÉBRER SES SOIXANTE ANS TRANQUILLEMENT, AU CHALET, AVEC JOSETTE ET SES PETITS-ENFANTS. ANDRÉ est venu, récalcitrant. Le vieil Octave est aussi là. Sans être de la famille, il a toujours été très proche de Berthe. Linda a amené Bijou. Elle lui caresse la nuque, les reins, et il répond en ronronnant ou en s'agrippant à ses doigts. Pourquoi les gens ne sont-ils pas aussi simples que les chats ?

Bijou décide soudain d'aller explorer un autre coin du jardin. André boit une bière, Josette rêvasse dans sa chaise longue, Berthe raconte une histoire à Jean-Noël et Martin. Chez le voisin, Linda aperçoit Zenash, Gustave et des gens qu'elle ne connaît pas, dont une fille de son âge. Curieuse, elle va leur dire bonjour.

—Princesse, je te présente de vieux amis ! Boris, Dewi, Jade. Heureusement que je suis tombé sur Daniel ! Boris, j'ai plutôt l'habitude de le voir à l'autre bout du monde.

C'est donc lui, ce Boris qui a tant impressionné Daniel. Jamais elle n'a vu un visage aussi dur. Quand il lui sourit, tout à coup, c'est le soleil qui apparaît. Il a l'air de l'avaler de son regard, sans dire un mot. Dewi lui semble aussi belle que Zenash. Daniel lui a parlé d'elle, il a mentionné qu'elle est Javanaise. Jade a quelque chose d'étrange, un calme profond, intérieur.

— Regardez bien, dit Gustave en montrant trois petites balles.

Il commence par en envoyer une d'une main à l'autre, puis continue avec deux balles. Ensuite, avec les trois, et de plus en plus vite.

— Bravo ! s'écrie Boris. Où as-tu appris ça ?

— J'avais un grand ami à l'université. Un jongleur. Lui aussi, il a disparu. Tué, comme tant d'autres. Il s'était mis à jongler avec les militaires, ce qui était très imprudent. Il m'a appris à me servir de mes mains. De là, je suis passé à la magie. Pour impressionner mes camarades, surtout celles du genre féminin !

Linda se rappelle qu'elle voulait en savoir davantage à ce sujet.

— Pour moi, c'est de la prestidigitation. C'est quoi, un magicien ?

— Un magicien... Le mot est assez vague. Un technicien peut être technicien en électronique, en foresterie, en moteurs... Un professionnel, ça peut être un médecin, un avocat, un psychologue. Un artiste, ça peut être un peintre, un chanteur, un musicien, un danseur. Il y a bien des sortes de magiciens.

Il réfléchit tranquillement. On croit voir le programmeur qui suit ses diagrammes logiques de branche en branche.

— Parmi les magiciens, il y a les devins. Ils affirment qu'ils savent d'avance tout ce qui arrivera. Comment ils font ? Par exemple, ils regardent ta main. Là, c'est ta ligne de vie, ta ligne de chance, ta ligne de cœur. Tu auras trois enfants, tu auras une maladie, un accident. Ils te font vider une tasse de thé et examinent les feuilles. Là, tu feras un voyage, tu rencontreras quelqu'un. Jadis, ils éventraient des chiens et lisaient l'avenir dans ses entrailles.

Pauvres chiens ! Chaque automne, André va à la chasse avec Octave ou des amis. Pour Linda, ils vont tuer des bêtes. Elle n'a jamais aimé ça.

— Comme ils se trompent souvent, ils s'arrangent pour ne pas parler clairement, ou ils t'annoncent des choses qui arriveront dans dix ans.

— Ce qui te donne bien le temps de tout oublier, commente Jade. Et puis, les plis de la paume dépendent des muscles de la main.

— En effet, il ne peut y avoir aucun rapport entre ces lignes et le nombre d'enfants que tu auras, les virus qui te trouveront à leur goût et le nombre d'années que tu vivras. La réalité, c'est que tout le monde attrape un rhume, a un accident, ou part en voyage. Les devins font semblant d'être précis, mais ils disent des choses vagues, qui arrivent un jour ou l'autre à chacun de nous.

— Des charlatans, grogne Boris.

— Grand-mère se fait toujours tirer les cartes, note Linda.

— Pourtant… se rappelle Gustave. J'ai eu un projet en Guinée équatoriale. J'ai rencontré des sorciers. J'ai vu des choses étonnantes... Ce ne sont pas tous des charlatans qui cherchent à tromper les gens. Beaucoup y croient vraiment.

— On ne peut pas prédire l'avenir, insiste Jade. Il est beaucoup trop compliqué et les choses changent continuellement

Linda aime bien ce commentaire, qui rejoint son goût pour les sciences.

— En Asie aussi, on consulte des cartomanciens, remarque Dewi. Pourquoi pas, si les gens trouvent ça rassurant ? Ça ne fait de mal à personne.

—Il est quand même plus efficace de préparer son avenir en étudiant, en travaillant, en prenant les moyens de réussir ce qu'on entreprend, dit Boris.

—Creusons un peu, dit Zenash. Les alchimistes voulaient changer du fer, du cuivre ou du plomb en or. À la longue, ils ont quand même appris bien des choses sur les métaux et leurs élèves sont devenus de vrais chimistes. Les astrologues, eux, essayaient de lire l'avenir dans les étoiles. Ils ont aidé à développer l'astronomie.

Linda pense encore à Berthe, qui collectionne les livres de spiritisme, de prophéties, d'occultisme et d'interprétation des rêves.

—Bien des gens continuent à croire aux horoscopes et au zodiaque.

—Des idiots, affirme Boris. Taureau, Bélier, Poisson... Comment peut-on croire que tous les gens qui sont nés le même jour, ou le même mois, c'est-à-dire 8 % de la population, ont nécessairement le même caractère, le même tempérament, la même personnalité ? Ou que les mêmes choses leur arriveront ?

—Bien sûr, il ne peut y avoir aucun rapport entre la configuration des astres à un moment donné et ta personnalité ou ton avenir, admet Gustave. N'empêche que bien des gens y croient, et même des gens intelligents.

— Moi, dit Jade, je pense qu'on apprend beaucoup plus de choses en observant les gens et en étudiant la physique, la génétique ou la psychologie.

Linda se dit qu'elle a peut-être trouvé une âme sœur. Et ça lui manque.

— Nous explorons la magie, rappelle Gustave, pas les sciences. Des gens se sont toujours posé des questions sur leur vie. Pourquoi existons-nous ? D'où venons-nous ? Où allons-nous ?

— Des questions oiseuses, inutiles, dit Boris. Inventées par des cons et pour des cons. Vides de sens et vides de réponses.

— Que tu es terre à terre, Boris ! s'exclame Gustave en riant. Les gens se posent aussi des questions pratiques. Par exemple, que doit-on faire dans une situation donnée ? Les sorciers, les chamans ont essayé d'y répondre. Quand les religions se sont mieux établies, ils ont été remplacés par des prêtres, des bonzes et des imams. Et des gens trouvent cela très utile.

— Peut-être, admet Boris. Je respecte les croyances d'autrui, tant qu'elles ne me dérangent pas. Moi, je m'en tiens à ce qu'on peut expliquer et démontrer.

— C'est exactement ça, lance Gustave. Parmi les sorciers, les enchanteurs disaient qu'ils transformaient les gens en serpents ou en cochons. On ne les voyait jamais accomplir de telles choses, parce que c'est impossible. Les thaumaturges faisaient des miracles, ils guérissaient des gens ou apportaient la pluie. Ils n'y réussissaient pas à coup sûr. Quelques-uns, cependant, sont devenus de bons médecins. Surtout ceux qui se servaient aussi d'herbes médicinales ou qui avaient appris des rudiments de météorologie !

— Pourtant, rappelle Linda, tu as dit que tu faisais de la magie.

— Catégorie prestidigitateur, ma belle. Cela veut dire que j'ai les doigts rapides. Je change les objets de place, je les cache, je les ressors tellement vite que tu ne t'en aperçois pas. Quand le magicien que tu as vu au théâtre faisait croire qu'il coupait une femme en deux, elle s'était recroquevillée dans sa boîte. Quand il transformait un mouchoir en oiseau, il avait caché son oiseau dans sa manche.

— Cela, je l'avais deviné.

— Les gens ont souvent voulu de belles choses, de grandes choses. L'or, le pouvoir, les plaisirs, l'éternelle jeunesse ! Les magiciens leur faisaient croire qu'ils pouvaient leur donner tout ça. On s'est bien aperçu qu'ils n'y parvenaient pas. C'était quand même un beau métier, puisqu'ils rendaient les gens heureux.

— Alors, il n'y a plus de magiciens ?

— Mais oui ! Le métier de magicien n'a pas disparu, il s'est transformé. Aujourd'hui, les magiciens font des spectacles. Pour que ceux qui vont les voir puissent passer une belle soirée ! Et ils se servent de plus en plus d'ordinateurs et d'effets visuels. Moi, je me contente de mes mains.

Il prend une pièce de monnaie, souffle dessus et se frappe la poitrine. Il ouvre alors la main. Elle est vide.

— Où est la monnaie ? Elle m'est entrée dans le corps ! Ouille ! Elle se promène dans mon ventre. Elle a glissé dans ma jambe. Là, je vais la rattraper.

Il met la main sur sa cuisse et en tire la pièce. Deux secondes plus tard, il rouvre la main. Elle est toujours vide.

— Tu l'as cachée entre tes doigts. Je ne l'ai pas vue, mais je le sais.

— Et j'en ai fait un spectacle. Quand tu vois un film, quand tu lis un roman, tu sais que ce n'est pas vrai. Ce sont des histoires qu'on a inventées. Les comédiens font semblant que les choses leur arrivent pour de vrai, et tu fais semblant de le croire. Parce que c'est la plus belle façon d'apprécier le film ou le roman.

— C'est juste, dit Dewi. Il n'y a rien de mal à croire en des choses merveilleuses, le père Noël, les légendes, quand on sait faire la part des rêves et de la réalité.

— Tu comprends maintenant, Princesse ? Et je vais te dire un secret : la vraie magicienne, c'est Zenash. Et Dewi. Et ta mère.

Linda le regarde, sans comprendre. Josette, magicienne ?

— Elle me rend heureuse, je la rends heureuse, et c'est la plus belle magie du monde, explique Gustave en souriant. Un bon magicien, c'est quelqu'un qui apporte du bonheur autour de lui. Ou autour d'elle. Et puis, elles savent comment fabriquer des enfants comme vous !

❑

— Aimerais-tu te baigner ? demande Linda.

— J'aimerais, mais je n'ai pas apporté de maillot, dit Jade.

— J'en ai deux, et on a la même taille.

— Super ! Je nage très mal. Je me suis déboîté l'épaule cet été.

— J'ai plein de flotteurs. Et on restera près du bord.

Cinq minutes plus tard, elles se trouvent dans le lac, discutant à bâtons rompus de magie, de films, de livres, de la vie à la campagne. Et d'elles-mêmes.

— Tu sais, dit Jade, j'ai l'impression de te connaître. Quand il vient me voir, Daniel me parle souvent de toi. Rien que des bonnes choses ! Lui, il te parle de moi ?

— Assez pour savoir que tu es importante pour lui. Il a dit que tu avais eu une sorte d'accident. Un gros accident. Il n'a pas voulu donner de détails.

— Il fait bien. Moi non plus, je ne veux pas en parler. Un homme m'a enlevée. C'est lui qui m'a brisé le bras. Daniel et Boris m'ont retrouvée juste à temps. Sans eux, je serais morte. Je commence à m'en remettre, mais ce n'est pas facile.

— Boris l'impressionne beaucoup. C'est vraiment ton père ?

— Une histoire compliquée. J'ai du mal à m'y habituer. Oh ! je l'aime beaucoup. Il a parfois de drôles d'idées, mais je crois qu'il a raison. Ma mère dit que je lui ressemble. Le même sale caractère ! Tout simplement, hériter d'un père, à mon âge, c'est un peu étrange.

—Moi, des fois, mes parents, je pourrais m'en passer. Sauf que c'est bien utile d'en avoir ! Je vivrais où, sans eux ?

Elles éclatent de rire. Une amie, c'est du soleil.

❑

Linda a rejoint ses parents pour le souper. Quelle belle baignade ! Et quelle longue conversation ! Elles ont beaucoup de points en commun, des goûts semblables. Masham se trouve à une demi-heure de Gatineau, mais il n'y a pas d'autobus et il faut toujours compter sur les autres pour se déplacer. Si sa mère décide vraiment de déménager, le seul avantage, ce serait de voir Jade plus souvent.

—Je vais inviter les voisins pour le dessert, décide Berthe.

—On les connaît à peine, maugrée André.

Il est venu à contrecœur et préférerait ne voir personne. Et puis, Gustave ne lui a pas donné le moindre contrat, Roger Boissonneau s'occupe de tout.

—Ils viennent d'arriver, il faut se montrer accueillants. Et c'est mon anniversaire, on a trois tartes, je fais ce que je veux.

Les deux groupes se mêlent facilement grâce aux chaleureuses attentions de Berthe, qui prend soin de gommer les hésitations des uns et des autres, et au dynamisme contagieux de Gustave. Josette, qui a toujours rêvé de voyager, pose des tas de questions à Dewi, qui a fait plusieurs fois le tour du monde. Le vieil Octave et Boris parlent longuement des bêtes de la région et d'Afrique. Zenash, qui attend un enfant, s'occupe avec Berthe de Martin et de Jean-Noël, leur inventant des jeux. Jade et Linda, intarissables, s'échangent d'autres pans de leur vie.

Plus tard dans la soirée, Berthe s'approche d'André.

— J'ai l'impression que tu bois plus que d'habitude.

— C'est juste de la bière. Que veux-tu que je fasse d'autre ?

— Toujours pas de travail ? demande Octave

— Je ne cherche plus. Les gens me connaissent, ils n'ont qu'à m'appeler.

Roger Boissonneau rafle les meilleurs contrats parce qu'on le sait sérieux, professionnel, efficace, tandis qu'André Saunier, tout en étant aussi compétent, a l'air plus broche à foin. Octave garde ces pensées pour lui.

— L'hiver sera dur, mon garçon. Tu te retrouveras sur le bien-être social.

— Vivre aux crochets des autres ? Plutôt me tirer une balle dans la tête.

— Ça, au moins, ce n'est pas difficile, dit Boris en l'entendant.

André le dévisage, pris de court, et trouve un regard d'acier.

— Et puis, poursuit André, tant que Josette travaille, je n'y ai pas droit. Je me demande comment elle fera pour vous payer, dit-il à Berthe.

— Ce n'est pas pressé. J'avais mis cet argent de côté pour remplacer ma thermopompe. J'aimerais quand même le faire cet automne.

Le geste de sa fille l'a déçue, mais Josette a toujours été volage, rêveuse, inconsciente. André est tombé amoureux de Josette parce qu'il aimait son tempérament léger, qui le rebute aujourd'hui, et il a séduit Josette avec son caractère facile et conciliant, dans lequel elle voit maintenant de la mollesse, de la lâcheté. Les gens ne changent pas, c'est notre façon de les voir qui se transforme.

— Toi, ça va mieux, dit-elle, tu viens d'hériter ! J'aimais bien Mariette, je regrette qu'elle soit morte.

André y a beaucoup pensé. Autant il a été touché par le geste de sa tante, autant il le trouve maintenant déplaisant.

— Des miettes. S'il reste quelque chose, donnez-le à André... Ça ne paie même pas toutes mes dettes. Ensuite, tout recommence comme avant. On te donne une aspirine pour mieux te cogner dessus quand tu as repris des forces.

— C'est vrai que c'est un drôle de testament. Tout en pourcentages. Tant à celui-ci, tant à celle-ci, le reste à André. Aucun chiffre, nulle part.

— C'est normal, dit Gustave. Quand on fait son testament, on ne sait pas ce qu'on aura encore à son décès. Alors on dit, par exemple, la moitié à sa femme, le tiers à ses enfants, le reste à ses frères.

Linda a soudain une idée, mais sa mère lui coupe la parole :

— Même entre son frère et sa sœur, et son fils et sa fille, c'est différent.

— Mais non ! rectifie Berthe. Maurice a reçu moins d'argent que Monique parce qu'il a eu aussi le condo. Elle en a donné plus à Pierre parce que son terrain vaut moins que la maison qu'elle a laissée à Julie. Ce qui me choque, c'est que Léon Demers n'a pas donné le montant global de la succession.

— Léon Demers ? remarque Octave. C'est l'homme le plus croche…

— Je sais, dit André, je ne peux pas le sentir. Mais il est comptable, il a été notaire, il connaît son métier.

— Il n'a qu'un métier, c'est de tromper les gens et de voler tout le monde. Savais-tu, Berthe, que tu es parente avec lui ? Sa mère était une Galarneau. Ton mari avait des Galarneau du côté de sa tante Rita. C'est loin, mais il y a des liens.

La nouvelle ne semble pas faire plaisir à Berthe. Gustave se sent un peu perdu avec tous ces noms de gens qu'il ne connaît pas. Linda lui touche le bras.

— Je pense à ton exercice de mathématiques avec les clous. Dans ton exemple, la moitié à sa femme, le tiers aux enfants, le reste aux frères, on peut calculer le reste, n'est-ce pas ?

— Bien sûr. Ça fait… attends… ça fait un sixième.

Linda ne peut pas calculer ainsi dans sa tête, il lui faut du papier et un crayon. Dès demain, elle se mettra au travail.

— Bon, décide Octave, il est tard, je vais rentrer. Oh ! j'oubliais. Berthe, Boris m'a dit qu'il aimait le coin. Il se demandait s'il y avait des propriétés en vente. Ça ne manque pas, mais j'ai pensé d'abord à toi.

— Pas un lopin, précise Boris. Une centaine d'acres au moins. Pas de voisins ! Et assez grand pour y creuser un petit lac.

— J'ai une ancienne ferme avec un marécage. On pourrait l'assécher.

— Plus maintenant, note Octave. Les marécages sont protégés. On s'occupe des crapauds et des hérons. Mais tu as toujours l'ancienne propriété des Galarneau, à côté de chez moi. Il y a un lac privé.

— C'est vrai. Je n'y vais jamais. Il n'y a pas de voie d'accès.

— Un bulldozer t'ouvre un chemin le temps de le dire. André peut le faire.

— J'aimerais bien visiter ça un de ces jours, dit Boris. Là, nous aussi, on doit rentrer. Un gros merci pour cette belle soirée !

Pendant que les autres se disent au revoir, Berthe prend Boris à l'écart.

— Vous avez remarqué que Linda et Jade s'entendent très bien ?

— Oui, ça m'a fait plaisir. Jade a grandement besoin d'amies. Elle a eu un gros problème, un accident, et commence tranquillement à s'en remettre.

— Il fait encore très beau. J'aimerais l'inviter à passer la semaine ici, avec Linda. C'est beaucoup mieux qu'en ville !

— C'est très gentil. J'y penserai. Je lui en parlerai.

André, Josette et les enfants sont les derniers à partir.

—Je ne pouvais pas demander mieux pour mon anniversaire ! C'est bon d'avoir des voisins aussi intéressants, aussi sympathiques.

—Et ça donne quoi ? marmonne André. On est de moins en moins chez nous. Au début, c'étaient les gens de Hull, de Gatineau, d'Ottawa qui s'installaient ici. Avec leurs habitudes de gens de la ville. Ils transforment Masham en dortoir. Et maintenant, ils viennent d'Argentine, d'Éthiopie, d'Indonésie...

—Ils construisent des maisons et ça te donne du travail. Enfin, d'accord, ça a ralenti cette année, mais ça reprendra. Ne sois pas aussi négatif !

—Avant, tout le monde connaissait tout le monde. Maintenant, tu vas à l'épicerie, à la quincaillerie, et tu ne connais personne.

—Que tu es borné ! s'écrie Berthe. Moi, j'aime bien ça, le nouveau visage de Masham. C'est plus varié. Qu'est-ce que ça peut faire que les gens viennent d'ici ou d'ailleurs, si ce sont de bonnes gens ?

—Eh bien, moi, je préfère comme c'était avant. Entre nous.

Linda se sent triste. Jamais son père ne s'est montré aussi étroit d'esprit. Ferait-il vraiment une dépression, comme disait Zenash ? Elle pressent que ça ira de mal en pis.

10

DES CALCULS SAVANTS

BERTHE A INSTALLÉ SON CHEVALET DANS LA VÉRANDA. ELLE NE PEINT NI LE LAC NI LA FORÊT, MAIS UNE PLAGE TROPICALE qu'elle a copiée dans une revue. Elle a suivi des cours et fait de bonnes aquarelles, y voyant surtout un passe-temps relaxant.

Linda et Jade sont sur le quai, en grande conversation. Berthe sourit, heureuse d'avoir organisé cette semaine. Même si elle a bien des amies au village, Linda n'a jamais trouvé quelqu'un qui partageait ses intérêts, avec qui discuter du pourquoi et du comment de tout ce qui lui passe par la tête. Berthe est aussi contente de l'arracher à son environnement familial, dont elle sent que les tiraillements et le stress perturbent Linda. Elle a également senti que Jade n'avait pas eu un simple accident, mais une sorte de traumatisme dont elle commence à se sortir. Une fille étonnante d'ailleurs, très repliée sur elle-même en dépit de son sourire accueillant. Depuis deux jours qu'elles sont là, les deux adolescentes sont pour elle un rayon de soleil.

Au bord de l'eau, celles-ci discutent avec entrain :

— Je pense à ce que disait Gustave, à ce que les gens attendaient des magiciens : l'or, le pouvoir, les plaisirs et l'éternelle jeunesse. Tu te souviens ?

— Oui, dit Jade, j'y ai songé. Moi, ce ne sont pas des choses qui m'attirent. Enfin, pas avant bien d'autres. Toi ?

— Je ne sais pas. C'est quand même un point de départ, non ? Une façon de débroussailler, de chercher ce qu'on veut, ce qu'on aime vraiment.

— L'or, c'est facile. Quand je veux m'acheter quelque chose, ma mère me donne de l'argent ou me dit que ça coûte trop cher. Vouloir de l'or, c'est vouloir être riche pour se payer tout ce qui nous tente. Le pouvoir, je trouve ça plus compliqué.

— Pourquoi ? Je ne pense pas à un roi, à un empereur. Le pouvoir, c'est quand mon père m'envoie me coucher même si j'ai envie de regarder la télévision, quand ma mère me dit de l'aider à préparer le repas alors que je préférerais lire, quand une camarade décide du jeu auquel nous jouerons. Le pouvoir, c'est de dire aux autres ce qu'ils doivent faire ou ne pas faire. On dirige tout, c'est agréable.

—Il faut voir les deux côtés, dit Jade. Moi, je n'aime pas obéir. Je dois être convaincue. Et je n'aime pas commander. Tu sais…

Elle hésite, avale sa salive, semble très troublée.

—Cet homme qui m'a enlevée… Évidemment, il voulait abuser de moi avant de me tuer. Tu peux t'imaginer comment. Pour moi, le pouvoir, c'est ça. Monstrueux et dégoûtant. Boris aussi est très allergique à toute autorité. Il écoute souvent des chansons de Félix Leclerc. Ça lui rappelle sa jeunesse, je crois. Et elles sont souvent très belles. Dans une chanson, Félix dit : *La pire race de monde, c'est celle qui mène le monde à grands coups de crayon, de sermons et d'édits.*

Linda n'est pas tout à fait d'accord, elle pense qu'il y a des nuances à faire, mais le sujet ne l'intéresse pas assez pour en discuter.

—Il y a ensuite les plaisirs, poursuit-elle. C'est aussi facile. Sauter dans le lac, dévorer une deuxième portion de tarte, lire un livre passionnant, gagner aux cartes, poser des questions et recevoir une bonne réponse, jouer avec des amis, caresser Bijou, gagner à un jeu vidéo, gratter les bons chiffres sur une carte…

—Sans oublier les garçons. Dans les histoires, il y a souvent les philtres d'amour. Ça fait partie des plaisirs. Es-tu amoureuse de quelqu'un ?

—Non. Je m'entends bien avec Daniel, mais seulement depuis cet été. Il a beaucoup changé, comme s'il était devenu adulte d'un seul coup. J'aime beaucoup Serge, un petit-fils d'Octave. Un gars magnifique, toujours rêveur…

Son visage s'illumine. Jade sourit, attendrie.

—Je croyais que tu aimais les sciences, pas les rêves.

—Je rêve toujours ! Je rêve de sciences… De toute façon, Serge, c'est impossible. À cause de Geneviève. Ils ne s'en sont pas encore rendu compte, mais ils sont faits l'un pour l'autre. Je les regarde, je le vois d'avance. Enfin, tu les rencontreras un jour. Toi ? As-tu un ami ?

Jade a un petit rire bref.

—Pour moi, ça attendra. Si un garçon essayait de me toucher, je le grifferais, je le mordrais. Plus tard, sans doute. Ma mère m'a inscrite au Collège Saint-Joseph. Une école de filles. C'est moi qui le lui ai demandé.

— Je la connais. Une école privée, très bonne. Trop chère pour mes parents. Et trop loin. Où en étions-nous ? Ah ! oui. Gustave a aussi mentionné l'éternelle jeunesse. D'après toi, c'est quoi, l'âge idéal ?

— Je n'y ai jamais pensé.

— Si on pouvait arrêter le temps, quel âge choisirais-tu ?

— C'est impossible de garder le même âge.

— Bon. Si tu étais magicienne, que choisirais-tu ? Quatorze ans ?

— Non. On doit encore obéir aux autres, à ses parents, à ses professeurs. Dix-sept ou dix-huit ans, peut-être ?

— On est un peu plus libre, c'est vrai, dit Linda. Vingt ans ?

— Je te le dirai dans six ans ! Vraiment, je ne sais pas. Il faudrait le demander à des gens qui sont plus vieux. On retourne dans le lac ? Nager me fait vraiment du bien au bras.

❑

Le soir, Jade et Linda ont décidé de préparer le repas. Berthe sourit en les entendant discuter d'ingrédients, de temps de cuisson et de présentation. Quelle bouffée d'air frais, deux adolescentes !

C'est succulent, un bon poulet parfumé d'ail et de fines herbes. Jade sert le brocoli croustillant, mouillé de citron et d'un filet d'huile d'olive.

— Délicieux, commente Berthe. Je n'en avais jamais mangé comme ça.

Après le souper, elles jouent une partie de cartes en prenant une tisane.

— Tu as de très beaux cheveux, Jade. Vraiment noirs. Moi, je suis obligée de me les teindre. C'est la vie. Quand on vieillit, les cheveux deviennent blancs.

Elle change d'ailleurs de teinture tous les six mois. Une fois, Linda avait demandé à sa grand-mère pourquoi la neige était blanche. Parce qu'elle est propre, avait répondu Berthe ; quand elle est sale, elle devient noire. Comme d'habitude, Linda avait dû chercher la réponse dans des livres.

— Se teindre les cheveux, demande-t-elle, amusée, ça empêche de vieillir ?

— C'est justement ça. Les gens te regardent et te trouvent toujours jeune.

— Moi, j'ai lu autre chose. Les cheveux sont fabriqués par des cellules qui leur donnent aussi une couleur. À la longue, les cellules se fatiguent et cessent de produire des pigments. Alors, les cheveux deviennent blancs.

— Toi et tes explications ! Je sais bien que je ne change pas d'âge quand je me teins les cheveux, mais je me sens mieux, plus jeune.

— C'est quoi, pour toi, l'âge idéal ? Celui qu'on voudrait toujours avoir ?

— L'âge idéal, c'est celui qu'on a. Ce qui compte, c'est de se sentir bien, de se sentir heureuse, parmi des gens qu'on aime et qui nous aiment.

Jade sourit. Décidément, Linda ne lâche jamais prise. Berthe propose alors de regarder une émission à la télévision. Jade se joint à elle, heureuse de se reposer. Elle n'est pas habituée à des journées aussi actives. Linda s'installe à la table de la cuisine avec du papier et un stylo. Toute contente de retrouver son amie, elle n'a pas eu le temps de faire ses calculs.

Il s'agit de l'héritage. Monique, un tiers. Maurice, un cinquième. Julie, un sixième. Pierre, un quart. Qu'est-ce que ça donne ? C'est un peu plus compliqué qu'une règle de trois, mais ça doit être faisable. Disons que x, c'est la valeur totale de la succession. Elle finit par aboutir à une formule :

$1/3 + 1/5 + 1/6 + 1/4 = x$

Bon. Comment additionne-t-on des fractions ? Il faut un dénominateur commun. On peut oublier le 6, vu que c'est le double de 3. Il s'agit de multiplier les autres : 3 x 5 x 4 = 60. Il faut maintenant modifier les numérateurs pour conserver la valeur de chaque fraction. Linda note : 20/60 + 12/60 + 10/60 + 15/60 = x

Elle fait le calcul et aboutit à x = 57/60. Elle n'a pas apporté sa calculatrice et doit faire la division à la main : x = 0.95. Parfait. Si les quatre héritiers ont reçu 95 %, la part de son père, le restant, c'est 5 %. C'est-à-dire, un vingtième, 1/20.

Elle reprend sa formule pour s'en assurer. Magnifique ! Tout se tient !

Son travail lui a pris du temps, elle a vérifié deux fois pour ne pas faire d'erreur. L'émission est finie. Berthe est bien surprise de trouver Linda avec toutes ces feuilles remplies de chiffres.

— Tu es en vacances, ce n'est pas le temps d'étudier.

— Je calculais l'héritage. Papa en a reçu cinq pour cent. Oui, regarde.

Berthe se penche sur la table. Linda lui explique ses calculs.

— Tu as sans doute raison. Mais cinq pour cent de quoi ?

Jade examine les calculs. Linda lui a déjà parlé du testament.

— Je crois que ce sera facile à trouver.

— Vous ferez ça demain. Maintenant, il est temps d'aller se coucher.

— Oh ! Ça prendra une minute.

Linda tenait à effectuer les calculs elle-même, mais ça lui fait encore plus plaisir de faire quelque chose avec son amie.

— Le cinq pour cent de ton père, c'est six mille dollars, n'est-ce pas ?

— Oui. C'est un vingtième.

Jade prend le stylo.

— Vingt fois six mille, c'est cent vingt mille. C'est le montant de la succession.

Berthe secoue la tête.

— Ça m'étonne beaucoup ! Mariette n'était pas gaspilleuse, elle était même près de ses sous. Elle a dû laisser bien plus que ça.

— Les chiffres sont les chiffres, dit Linda. Maintenant, on peut compter ce que chacun a reçu. Monique, un tiers.

— Un tiers de cent vingt mille, c'est quarante mille.

— Maurice, un cinquième.

— Cent vingt divisé par cinq : vingt-quatre mille.

— Julie, un sixième.

— Cent vingt divisé par six... Vingt mille.

— Pierre, le quart.

— Trente mille. Plus les six mille de ton père... Tiens, on va additionner.

Jade écrit :

Monique :	40 000
Maurice :	24 000
Julie :	20 000
Pierre :	30 000
André :	6 000
Total :	120 000

— C'est bien cent vingt mille, déclare-t-elle.

— Toutes mes félicitations ! s'écrie Berthe. Quand même, j'ai du mal à y croire. Mariette m'a même dit qu'elle avait une bonne assurance-vie. Et elle parlait d'un million. Mais, vraiment, je tombe de sommeil, on en reparlera demain.

❑

Linda nourrit son chat et déjeune en vitesse, sans faire de bruit, puis se rend sur le quai avec ses calculs, qu'elle veut encore vérifier. Elle croyait s'être levée la première, mais sa grand-mère est déjà dans l'eau.

— J'aime les baignades matinales. As-tu vu le ciel ? Il est superbe !

— Justement, je me demande pourquoi il est bleu.

— Décidément, tu commences tôt ! C'est parce qu'il fera beau. Le ciel devient noir quand il pleuvra.

— Le soir, il fait encore beau, et le ciel est rouge.

— Parce que le soleil s'enveloppe de nuages. Comme toi, il met ses couvertures pour se coucher.

Linda sourit. Il n'est pas très utile de poser des questions à sa grand-mère, même si elle a réponse à tout. En réalité, elle n'explique jamais rien.

Jade arrive, encore ensommeillée, un verre de jus d'orange à la main.

— Je suis passée tout droit. Ça ne m'arrive pas souvent. C'est tellement reposant, ici !

Berthe sort de l'eau et s'entoure d'une serviette.

— Ton père veut vraiment s'installer dans le coin ? Je pensais attendre quelques années avant de commencer à vendre des terrains, mais s'il y tient…

— Boris retourne en Afrique. Il n'a jamais parlé de vivre au Canada. Je crois qu'il fait ça pour ma mère. Et pour moi. Pour nous offrir un pied-à-terre à la campagne.

Encore une fois, Berthe trouve Jade bien étrange. Une maturité tranquille au-dessus de son âge. Des instants de rire clair et des instants de tristesse secrète.

— C'est curieux que tu l'appelles Boris.

— J'ai essayé de l'appeler Papa. Ça ne sort pas. Oh ! je l'aime beaucoup. Je lui dois deux fois ma vie. Sans lui, j'aurais été une autre fille assassinée…

Elle se tait. Linda fait signe à sa grand-mère d'attendre, de ne pas la brusquer. Jade sourit, jaillissant d'un trou sombre et retrouvant la lumière.

— Quand nous sommes sortis de l'hôpital…

— Parce que vous avez été à l'hôpital ? Tous les deux ?

Jade prend une longue respiration. Il s'agit là de choses dont elle n'aime pas parler. Cependant, Berthe a quelque chose qui attire les confidences, une sorte de capacité d'accueil qui fait chaud au cœur.

— J'étais tombée dans les pattes d'un homme violent, explique-t-elle. J'avais des écorchures partout. Boris a reçu une balle dans l'épaule quand il est venu me délivrer avec Daniel. À la maison, nous avions l'air de deux éclopés. Je voyais encore la psychologue. Chaque jour. Je ne voulais rien lui dire, ça ne la regardait pas. Je n'avais pas envie de me rappeler, de raconter…

— Pauvre fille ! s'exclame Berthe, la larme à l'œil.

Elle commence à comprendre le drame qu'elle n'avait fait que soupçonner.

— Boris m'a conseillé de lui dire la vérité ou de lui raconter des histoires, peu importe, mais de répondre à toutes ses questions. Ce serait la seule façon de m'en débarrasser. C'est ce que j'ai fait. La psychologue était contente, elle trouvait que je surmontais bien mon traumatisme, que je ne portais pas trop de séquelles du choc. Moi, je ne l'avais plus sur le dos. Je ne lui ai pas dit que j'en fais parfois des cauchemars, même maintenant. Je sais que ça finira par passer.

— Ton père t'a conseillé de mentir ? De mentir à la psychologue ?

— Boris ment toujours, explique Jade calmement.

— Je crois que j'ai besoin d'un café très fort.

En prenant le petit-déjeuner, Jade se dit qu'elle ne doit pas laisser Berthe sur une fausse impression.

— C'est vrai que Boris ment toujours. Je commence à le deviner. Mais ce n'est pas tout.

— J'avoue qu'il me fait un peu peur, confie Linda. Avec son regard qui a l'air de vous juger, qui vous cloue sur place… J'osais à peine ouvrir la bouche.

— Moi, proteste Berthe, je l'ai trouvé amical, engageant… Du moins, il essayait très bien. Avec Octave, ils étaient deux larrons en foire.

— Généralement, il fait semblant, dit Jade. Tout le fatigue, tout l'exaspère ; il veut déjà se retrouver en Afrique. Il aime bien Gustave. Vous aussi, il vous trouve très bien, comme Octave. Zenash, ça va, je crois qu'elle est en probation. Toi, dit-elle à Linda, tu as passé l'examen, autrement il n'aurait pas voulu que je vienne ici pour la semaine. Ton père et ta mère, ils ne l'intéressent pas, je crois qu'il a fait une croix sur eux. C'est vrai, il est très dur.

— Et toi, il t'adore, je l'ai vu tout de suite.

Linda reste toutefois songeuse. Jamais elle n'a voulu critiquer ses parents et ça lui fait un peu de peine de penser que, comme Boris, elle trouve qu'il y a bien à redire sur leur comportement et leur personnalité.

11

AU BORD DU LAC

BORIS ARRIVE AU MILIEU DE L'APRÈS-MIDI AVEC GUSTAVE. BERTHE ET LES ADOLESCENTES SONT SUR LE QUAI. APRÈS QUELques mots polis, Boris va se changer et revient en maillot. Sidérée, Linda remarque ses cicatrices, surtout celles des griffes de lion dont Daniel lui a parlé. Boris et Jade s'éloignent à la nage. Un peu vexée de n'avoir pas été invitée, Linda comprend qu'ils ont envie d'être seuls.

—J'ai un jeu de tarot, dit Berthe à Gustave. Vous disiez que vous vous connaissiez en magie. Vous pourrez me lire mon avenir ?

—L'avenir, ça n'existe pas ! s'exclame Linda.

—Mais bien sûr que ça existe ! Sinon, ce serait toujours la même chose.

—D'accord, mais on ne peut pas le savoir d'avance.

—Oui, on le peut ! affirme Berthe. Si tu prends l'autobus pour Toronto, tu te rendras à Toronto. À moins d'avoir un accident, ce qui n'arrive pas souvent. Si tu te jettes du haut du quai, tu tomberas dans l'eau. Si tu sors en hiver sans cache-col, tu attraperas un rhume. Pour les choses plus compliquées, tu te fais tirer les cartes ou tu lis ton horoscope.

Gustave sourit, amusé, le regard pétillant.

— Passez-moi votre main. Oh ! c'est intéressant. Vous avez une belle ligne de cœur. Une vie compliquée, mais quand même assez simple. Vous savez ce que vous voulez. Tiens, je vois un voyage ici. Vous rencontrerez quelqu'un que vous trouverez très agréable ! Et là… Il faudra faire attention. Ne sortez pas les jours de pluie, vous pourriez attirer la foudre. Il y a tellement d'énergie en vous ! Là, je vois une coupure. Quelque chose changera dans votre vie, mais vous vous en tirerez très bien. Vous avez eu un petit ennui de santé.

— Comment le savez-vous ?

— Ce pli, ici. Rassurez-vous, ce n'est rien. Malheureusement, je vois de la mortalité. La ligne est faible. Peut-être un parent éloigné. Vous devrez vous méfier d'une femme. Une brune, avec des lunettes. Elle ne vous veut pas de mal, mais elle apporte la malchance. Je la vois avec un homme, dans un café. Vous saurez comment réagir, car votre ligne de bonheur ne varie pas.

Il lâche la main, doucement.

—Le tarot, ce sera une autre fois. J'ai installé le sable, j'aimerais commencer à poser mes dalles. On annonce de la pluie pour la nuit de dimanche.

Frustrée, Linda le regarde s'éloigner. Non, elle doit vraiment lui dire ce qu'elle pense. Elle va le rejoindre.

—L'autre jour, tu as dit qu'on ne peut pas connaître l'avenir.

—En effet, c'est impossible.

—Alors, pourquoi tu lui as dit ce qui lui arriverait ?

—Je n'ai rien dit du tout ! C'est une dame très gentille et j'ai voulu lui faire plaisir. Je lui ai dit ce qu'elle voulait entendre. Les gens aiment penser qu'ils ont une belle ligne de cœur. À son âge, ça va de soi que ta grand-mère a parfois des ennuis de santé ou de la mortalité dans la famille. J'ai ajouté des choses évidentes, rien de surprenant. Les horoscopes, c'est plutôt idiot, mais il n'y a pas grand mal à les lire.

—Les horoscopes, c'est de la foutaise.

—De a à z ! Et alors ? Il ne faut pas toujours essayer de s'imposer, de convaincre les autres qu'ils ont tort et que nous avons raison.

Pour Linda, c'est très difficile. Dès qu'elle voit un mensonge, une erreur, une fausse interprétation, elle est portée à les rectifier.

— C'est vrai que grand-mère est très gentille, admet-elle. Mais elle n'est pas très intelligente. Elle connaît tout de travers. Elle croit n'importe quoi.

— Ta grand-mère a une vision magique des choses.

— Elle ? s'écrie Linda, vraiment étonnée.

— Mais oui ! Essaie de voir le monde comme elle le voit. Juste un instant.

— *Le ciel est bleu parce qu'il fait beau... Il s'assombrit parce qu'il va pleuvoir...* Oui, c'est vrai. *Le soleil qui s'enveloppe dans ses couvertures,* c'est joli. Mais ça n'explique rien. Moi, je veux de vraies réponses. Pourquoi le ciel est bleu, ou rouge, ou gris ? Pourquoi l'eau du lac est foncée de loin et claire de près ? Pourquoi la mer est bleue en Floride et sombre en Gaspésie ?

Gustave lève les mains pour arrêter l'avalanche.

— Toi, tu seras journaliste, détective, avocate ou femme de science ! C'est très bien, chercher à savoir. Oh ! voici Daniel.

Roger Boissonneau, qui a conduit son fils, examine le terrain.

— Excellent. Six pouces de sable, c'est suffisant, les dalles seront très stables. Bon, je vous laisse. Je repasse te prendre à six heures, dit-il à son fils.

Gustave et Daniel se mettent au travail. Les dalles sont lourdes et ils vérifient l'horizontalité de chacune d'elles avec le niveau dès qu'ils la posent. Linda se sent de trop et regagne le quai. Sa grand-mère, un dictionnaire sous la main, fait des mots croisés, un de ses passe-temps favoris. Linda se plonge dans son livre qui parle de l'origine des mathématiques et explique comment les gens ont commencé à compter. Elle n'arrive pas à se concentrer, elle a la tête ailleurs.

— C'est qui, Léon Demers ?

— Tu penses encore au testament ? Léon est un ratoureux. Un escroc. Quand j'enseignais, je l'ai eu dans ma classe pendant un an. Un garçon intelligent, vif, et déjà tricheur. Plus tard, il a été un excellent notaire. De plus, il était comptable. Il gérait des fiducies et a pris l'habitude de puiser dans les comptes de ses clients. Il ne les volait pas, il se servait d'eux pour obtenir des prêts personnels, qu'il investissait. Quelqu'un s'en est aperçu. On a ouvert une enquête. Il a senti la soupe chaude et a quitté la profession pour devenir courtier. Là aussi, il jouait avec les comptes de ses clients. À la longue, il s'est acoquiné avec une compagnie qui importait des fruits et des légumes de Floride. Il s'est installé là-bas. C'est un homme compétent, il inspire confiance, il se fait facilement des amis. Ce qui ne l'empêche pas de profiter de tout et de tous. J'imagine qu'il s'entendait bien avec Mariette.

— Et papa, dans tout ça ?

— Léon avait négocié pour lui l'achat de ta maison. Il avait droit à une commission, mais il s'est arrangé pour faire baisser le prix du vendeur et augmenter le prix de vente, en empochant la différence. Ton père s'en est aperçu bien plus tard. André n'est pas un batailleur, il a laissé faire.

— Léon Demers, a-t-il pu faire des choses malhonnêtes avec le testament ?

— Comment veux-tu que je le sache ? Tu as fait les calculs, ça semble correct. Pourtant, l'assurance-vie de Mariette... Mais on ne peut pas tout savoir, dans la vie !

— Oui, on peut !

Boris et Jade grimpent sur le quai, rafraîchis, décontractés.

— Nous aurons un barbecue, annonce Jade. Boris nous fera un plat africain. Il a apporté des filets de serpent et des sauterelles.

—Si vous croyez que je vais manger ça... dit Berthe avec un frisson.

—Des protéines, ce sont des protéines, affirme Linda. J'aimerais essayer.

—Ça cuit mieux dans de la graisse d'hippopotame, précise Boris. À défaut, Octave m'a passé de l'huile de castor.

—Viens, dit Jade à Linda, on va préparer les braises.

Berthe, un peu livide, dévisage Boris qui éclate de rire.

—Ne vous en faites pas, c'est juste des côtelettes d'agneau. Jade voulait vous faire une blague. Je crois que c'est bon signe.

—Ouf ! Vous me rassurez. Jade a un peu parlé de ce qui lui est arrivé. Ça devait être terrible... Je me demande comment elle se sent, à l'intérieur.

Le visage de Boris se durcit.

—La vie, c'est cruel. Tant de choses moches qui nous tombent dessus...

—Au moins, elle m'a dit qu'elle avait reçu des soins.

Berthe n'ose pas mentionner l'attitude de Boris à propos de la psychologue. Jade a peut-être mal compris ou exagéré. Boris la détrompe :

—La seule guérison, c'est de continuer à vivre.

—Comme si rien n'était arrivé ?

— Quand une tornade détruit votre maison, vous pouvez perdre votre temps à regretter, à vouloir que ce ne soit pas arrivé. C'est idiot. Il y a eu une tornade, c'est du passé, il s'agit de réparer, de reconstruire. Pas de regarder derrière soi. Pas de blâmer la nature ou les gens. Pas d'en vouloir à quiconque. Pas de nier les souvenirs non plus. Une blessure, ça cicatrise, ça laisse une marque, et puis on n'y pense plus, ça fait partie de nous. Jade a un fond de bonne santé, elle s'en tire très bien.

— Mais les traces psychologiques, les séquelles…

Quand il la regarde, Berthe a l'impression de voir un visage de pierre.

— Des foutaises. Je n'aime pas les gens fragiles. Les blessures et les cicatrices, c'est la beauté d'une personnalité. Les coups, ça forme le caractère.

— Vous êtes trop dur. Elle a quatorze ans. J'en connais qui, trente ans plus tard, sont encore marqués par de mauvaises expériences vécues dans leur enfance et leur adolescence. Ils suivent alors une thérapie.

— Ça ne m'intéresse pas. Deux minutes de réflexion devraient suffire à y voir clair. Oui, on fait des choses abominables aux enfants. Si on passe son temps à les plaindre, à les dorloter, on en fait des loques au lieu de leur apprendre à devenir plus forts. Une thérapie ? On donne des médicaments aux gens qui sont malades, et Jade n'est pas malade. Elle sait exactement ce qui lui est arrivé. Le détraqué, c'était cet homme, pas elle. La solution à nos problèmes, c'est en nous, pas chez les autres.

— Quand même, quand on peut aider...

— Elle s'aide elle-même, c'est beaucoup mieux.

Comment discuter avec un homme comme lui ? Qu'il ait raison ou qu'il ait tort, rien ne le changera. De toute façon, Jade a l'air de bien se débrouiller. Elle arrive justement avec Linda.

— Il y a beaucoup de viande, dit Linda, on pourrait inviter Gustave et Daniel.

— Certainement ! approuve Berthe. Je vais préparer une salade.

— Non, on s'occupe de tout.

❑

— Hier soir, j'ai rêvé que ton père m'emmenait en Afrique.

— Quelle drôle d'idée ! Je croyais qu'il te faisait peur. C'est vrai, tu tournais dans ton lit, tu avais des difficultés à t'endormir. Tu es très tendue !

Elles ont voulu partager la même chambre. Jade prépare la salade tandis que Linda tranche les pommes de terre qu'elle fera cuire dans du papier d'aluminium.

— C'est vrai, je ne suis pas à l'aise avec lui. Et il ne cherche pas à me mettre à l'aise ! Sa façon de me regarder, comme si j'existais à peine… Non, il me sourit parfois, c'est très bon. Ce qu'il y a, c'est que j'en ai marre et plus que marre. J'ai pensé qu'il me sortait d'ici parce qu'il habite loin et je voudrais être loin de tout.

C'est comme une soupape de sûreté qui vient de sauter. Elles se sont fait bien des confidences, mais Jade ne s'attendait pas à ce qu'elle vient d'entendre.

— Qu'est-ce qui ne va pas, Linda ?

— À part toi, je n'ai personne avec qui parler vraiment.

— Tu n'en auras pas non plus en Afrique ! Daniel ?

— C'est un ami, mais on n'a pas les mêmes intérêts. Grand-mère est très gentille, mais ses sujets de conversation sont très limités. Mes frères sont des bébés. Si j'avais un ordinateur, je pourrais surfer sur le Net, découvrir des choses… Oh ! et puis ce n'est pas ça. Ce qu'il y a, c'est que j'ai peur.

— Peur de quoi ?

— Ma mère veut quitter mon père, dit Linda en baissant la voix.

— Et alors ? J'ai vécu sans père toute ma vie et je ne m'en porte pas plus mal. Même si j'aime bien en avoir un maintenant. Pas parce que c'est un père, mais parce que c'est Boris. D'ailleurs, si ça arrive, tu pourrais rester avec ton père.

— Seule avec mon père, je deviendrais folle, j'attraperais sa dépression. Et j'imagine que ma mère veut partir parce qu'elle a rencontré un homme. Je ne le connais pas, moi. Et je ne veux pas le connaître. J'ai peur parce que ça ne va pas très bien et je crois que ça ira de mal en pis.

Soudain, un calme intérieur l'envahit, comme si elle s'était débarrassée de ses pensées qui l'empoisonnaient. Elle sourit.

— J'ai des amies dont les parents se sont séparés, dit Jade, et elles sont plus heureuses qu'avant. Il y a aussi des changements pour le mieux.

— J'espère, mais je suis nerveuse. Si on déménage, j'aimerais que ce soit près de chez vous, pour te voir plus souvent. Est-ce que tu aimerais cela ?

— Beaucoup ! s'écrie Jade. Si on faisait le vœu d'être amies pour la vie ?

— C'est fait, dit Linda, radieuse.

❑

Gustave a accepté avec plaisir l'invitation de Berthe, tout en prévenant qu'il se contentera de petites portions, car il s'attend à souper avec Zenash. Il s'est aussi chargé des derniers stades de la cuisson, s'y connaissant mieux en viande.

— La région a l'air de vous intéresser, dit Berthe à Boris, vous posez bien des questions. Vous retournez en Afrique ou vous vous installez ici ?

— Je prévois de passer encore quelques années en Tanzanie. Mes affaires sont là-bas. Je suis pilote et je possède quelques avions de brousse. Un jour, je vendrai ma compagnie. Je m'attendais à finir ma vie au bord de la Méditerranée, ou en Polynésie, ou en Islande… Maintenant, je pense que ce serait bien, ici.

Il regarde Jade. Il ne choisit pas un endroit, mais la proximité de sa fille.

— En attendant, dit Gustave, après ton départ, Dewi et Jade pourront venir quand elles voudront. Ce sera habitable : on creuse le puits dans quinze jours.

— Et puis, si vous envisagez vraiment de vous installer ici, dit Berthe à Boris, allez donc voir la propriété avec le lac privé. Il faudra demander à Octave de vous y conduire. On y a tourné le film sur la vie de Grey Owl. Vous savez, l'écologiste anglais qui se faisait passer pour un Indien.

— Je l'ai vu, s'écrie Jade, c'est très bon. Avec Pierce Brosnan. Je louerai le DVD, dit-elle à Boris.

— C'est vraiment curieux, lance Gustave. J'ai vu le film à Addis, avec Zenash. Elle a tellement aimé les paysages ! C'est pour ça que nous avons décidé de nous établir dans la région. Et ça a été tourné chez vous ?

— Ils m'ont demandé la permission et j'ai dit oui. Bien sûr, je n'ai pas reconnu mon terrain. Pour moi, toutes les forêts se ressemblent. Enfin, autour d'ici. Octave les a parfois accompagnés quand ils tournaient.

❑

Laissant les autres à leur thé ou leur café, Linda, Jade et Daniel s'installent au bord du lac. Bijou, se jugeant délaissé depuis trop longtemps, va s'asseoir sur les genoux de Linda, qui l'endort bientôt en lui gratouillant la nuque.

— Qu'est-ce que tu lis, ces temps-ci ? demande Jade.

— *L'Étranger*, de Camus, dit Daniel. Ça se passe en Algérie. Un homme tue un

Arabe parce que le soleil lui tape sur la tête et on le condamne à mort. Mais on ne le condamne pas vraiment parce qu'il a tué l'Arabe, on lui reproche surtout de n'avoir pas pleuré à l'enterrement de sa mère. On croit alors qu'il n'a pas de cœur.

— Tu parles d'une drôle d'histoire ! Et tu trouves ça bon ?

— C'est ce que j'aime dans les romans que je lis ces temps-ci. Ce n'est pas comme dans les films. On ne peut pas le résumer parce que ça va plus loin que l'intrigue. Le personnage est fascinant ! Un homme très seul, qui se sent tout à fait étranger au monde, aux gens qui l'entourent, à ce qui se passe, à ce qui lui arrive. Ça me touche beaucoup.

Linda se sent troublée. Elle se sent un peu comme ce personnage, elle a envie de lire ce livre. Jade s'étend sur le gazon. Encore une belle journée de passée !

— Avez-vous vu le ciel ? Si bleu…

— Justement, Gustave doit m'expliquer pourquoi il est bleu.

— Je peux te le dire, moi, dit Jade en se rasseyant. Pense à un prisme quand il reçoit le soleil. Ça fait des faisceaux comme des arcs-en-ciel.

— Oui, parce que la lumière contient toutes les couleurs. Et puis, la lumière, c'est des photons. De tous petits paquets d'énergie.

Daniel les écoute, intrigué.

—La lumière, dit Jade, c'est aussi des ondes. Je trouve cela assez compliqué, mais je vais essayer. Dans la nature, il n'y a que les ondes. La rétine, elle, les voit comme des couleurs. Chaque longueur d'onde correspond à une couleur. Le bleu, ce sont des longueurs courtes. Le jaune, un peu plus longues. Le rouge, c'est très long.

—Moi, avoue Daniel. Je vois des couleurs, pas des longueurs d'onde.

—C'est comme les chanteurs, explique Linda, toujours ravie de montrer ses connaissances. Ce qu'il y a vraiment, ce sont des ondes sonores, de l'air qui vibre. C'est l'oreille qui les perçoit comme des bruits et de la musique. Une voix de basse, de baryton ou de ténor, ce sont des longueurs d'onde différentes.

—Quand la lumière traverse l'atmosphère, poursuit Jade, elle trouve des poussières, des gaz, de la vapeur. C'est important, parce qu'on ne voit la lumière que quand elle se réfléchit sur un obstacle. Les longueurs d'onde les plus faibles, les bleues, se diffusent plus facilement, elles s'éparpillent. Voilà, tout le ciel est bleu.

— Et pourquoi le ciel devient rouge quand le soleil se couche ? demande Daniel. C'est la même atmosphère.

Jade réfléchit, essaie de se souvenir.

— La situation est différente, dit-elle. Quand le soleil est au-dessus de toi, il traverse la distance la plus courte, à la verticale. Quand il se couche, ses rayons parcourent une distance beaucoup plus longue dans l'atmosphère, davantage à l'horizontale. La lumière bleue s'est dissipée, il ne reste que les ondes plus longues, les teintes orange et rouges. Quand tu regardes en haut, l'atmosphère est plus mince et le ciel est encore bleu. Le rouge, c'est quand c'est plus loin.

— J'ai vu un film de science-fiction où le ciel était vert.

— Je pense que c'est impossible, dit Jade. C'est la même lumière.

— Ce n'est pas impossible, remarque Linda, s'il y a une atmosphère avec des particules différentes que dans la nôtre, qui absorbent ou réfléchissent la lumière d'une autre façon. Par exemple, comme dit ma grand-mère, le ciel devient gris quand il va pleuvoir. C'est qu'il y a beaucoup de gouttes d'eau dans l'atmosphère, et la lumière s'y réfléchit ou les traverse d'une façon différente.

— Ma tête bourdonne en vous écoutant ! se plaint Daniel, amusé. Dites, est-ce que c'est pour ça que le lac et la mer changent de couleur ?

— Oui, en plus compliqué, dit Linda. Quand l'eau est très calme, elle reflète le ciel bleu. Ou les arbres, près du bord. Quand l'eau bouge, elle reflète moins les choses. Il y a aussi les particules qui flottent dans l'eau. Du sel, dans la mer. L'eau n'est pas partout la même et la lumière réagit selon ce qu'elle trouve sur son chemin.

— Mais comment faites-vous pour savoir tout ça ? s'écrie Daniel.

— Nous, on étudie, répond Jade, amusée. Et puis, on ne peut pas tout savoir ni tout comprendre. On n'a pas le temps de tout apprendre sur tout, et il reste encore bien des choses à découvrir, à expliquer. Même des choses simples. Par exemple, on ne sait pas comment font les chats pour ronronner.

Linda recommence à caresser Bijou. Elle se sent tellement heureuse !

— C'est tout de même magnifique, dit Daniel. Avoir des rétines et des tympans qui transforment vos longueurs d'onde en couleurs et en musique, c'est splendide ! Je nous trouve bien chanceux de vivre.

12

LE JEU DE TAROT

GUSTAVE A PROPOSÉ À BERTHE DE LUI LIRE LE TAROT, COMME PROMIS. RAVIE, ELLE VA CHERCHER SON JEU. IL REMARQUE LA boîte de peinture et feuillette la dizaine d'aquarelles empilées sur la commode.

— C'est grand-mère, dit Linda.

— Elle a beaucoup de talent ! Elles sont belles.

Berthe pose le jeu sur la table. Linda l'a souvent vu. Elle aime les images, tout en préférant les cartes avec lesquelles on peut jouer à la dame de pique, à l'as de cœur, à la canasta. Gustave examine rapidement les soixante-dix-huit cartes, puis les brasse avec son étourdissante dextérité. Il les sépare alors en cinq tas et invite Berthe à retourner la première de chaque groupe.

— Le Chariot.

— C'est le voyage dont je vous parlais. Ensuite ? Tiens, la Tempérance. Comme dans votre main. C'est cette question de santé. Il faudra faire attention.

— Manger moins de gras, moins de dessert, n'est-ce pas ?

Berthe se fait bien des soucis pour sa ligne et suit souvent des régimes.

— Peut-être, oui. La suivante ?

Elle la retourne, le visage un peu grave. Elle trouve que certains mots portent malchance si on les prononce.

— La Mort, en effet, dit Gustave. À votre place, je ne m'inquiéterais pas. Elle n'était pas dans le premier tas. Ce doit être un parent éloigné ou quelqu'un que vous connaissez, mais pas de très près. Passons à la suivante. La Lune ! Ça, c'est une belle carte ! Vous ne nous cacheriez pas un petit intérêt romantique quelque part ?

Berthe rougit.

— En tout cas, ça s'annonce bien ! Ah ! le Bateleur. C'est moi. Un bateleur, c'est un jongleur, un prestidigitateur. Il était écrit que nos chemins se croiseraient. L'important, c'est que le message du tarot correspond à vos lignes de la main. Un bel équilibre intérieur. Ce n'est pas étonnant, avec votre tempérament artistique.

— Comment le saviez-vous ?

Elle ignore que Gustave vient d'apprendre qu'elle fait de l'aquarelle.

— Tout est dans les cartes. Il faut faire attention à deux ou trois choses, mais vous avez d'excellentes réserves d'harmonie. Une femme heureuse qui rend les autres heureux.

Berthe paraît tellement radieuse que Linda n'ose pas intervenir. Elle a souvent vu Gustave brasser les cartes, elle devine qu'il a choisi celles qu'il voulait, menant le jeu pour émerveiller son public, pour faire plaisir à sa spectatrice en lui racontant ce qu'elle voulait entendre.

— Moi, dit-elle quand même, le tarot, je n'y crois pas.

— Voyons, Linda ! Gustave est tombé juste sur tout.

— Je crois en ce que je vois et en ce que je comprends. Quand je ne comprends pas, c'est qu'il y a un truc.

— Tu as raison, dit Gustave. Il faut toujours se servir de ses méninges. Et observer ! Quand tu te regardes dans le miroir, combien d'images vois-tu ?

— Une seule, bien sûr.

— Je pense qu'il y en a deux. Allons vérifier.

Elles le suivent toutes dans la salle de bains. Gustave regarde la glace.

— C'est étrange, n'est-ce pas ? On ne se voit jamais comme les autres nous voient. On s'habitue à son image dans le miroir, on finit par croire qu'on est exactement comme ça, même en sachant que nous voyons une image inversée. Quand tu te peignes, tu crois te faire une raie à gauche, alors que pour les autres elle est à droite. Nous avons toujours une idée un peu fausse de nous-même.

Il prend un flacon de shampoing. Dans le miroir, on voit bien les lettres à l'envers. Il coupe un morceau de soie dentaire et l'approche du miroir. On voit le fil et son reflet. En y collant le nez, Linda est bien surprise d'y voir un second reflet, plus pâle mais très distinct.

— L'image principale, c'est quand la lumière se réfléchit sur le tain, la couche argentée de l'autre côté de la vitre. Un autre reflet se forme sur ton côté de la vitre. Tu vois celui que tu veux voir et tu ne remarques plus l'autre.

Linda s'en rend bien compte, mais où veut-il en venir ?

— Même quand on croit savoir quelque chose, on peut en apprendre davantage. Même quand on croit connaître quelqu'un, on peut découvrir de nouveaux aspects de cette personne. Il suffit de regarder plus attentivement ou différemment. Si on veut connaître et comprendre beaucoup de choses, il faut garder l'esprit très ouvert.

— C'est fascinant ! s'écrie Berthe. Vous prenez un thé, un café ?

— Non, merci, je vais rentrer. Réparer le chalet, ce sont mes vacances, mais je dois m'occuper aussi de ma maison. Je veux passer plus de temps avec Zenash. Et demain je me rends à Toronto. Des réunions sur notre projet en Éthiopie.

Linda le regarde partir. Sa grand-mère lui paraît tout à coup fort intéressante, parce que Gustave lui trouve des qualités auxquelles elle ne s'était pas attardée. Il lui avait souhaité un été de découvertes, et c'en est une. Y aurait-il aussi des aspects de ses parents qu'elle a mal vus ou mal compris ?

❑

Entre deux baignades, Jade et Linda bavardent à bâtons rompus de gens qu'elles connaissent, surtout des camarades de classe. Berthe les écoute attentivement en tricotant un cache-col qu'elle se propose d'offrir à Jade.

— Et il y a mon frère Jean-Noël. Des fois, il est très méchant. Il cache des jouets de Martin et l'oblige à les lui demander à genoux.

— Ce n'est pas gentil, en effet, commente Berthe. Il veut montrer qu'il est le plus fort. Le goût de s'imposer, ça commence très tôt. Ça veut dire aussi qu'il a du caractère. Martin est trop timide, mais il finira par s'affirmer.

— Pascale, l'ancienne copine de Daniel, est une menteuse. Elle raconte des choses qu'elle a faites, et ce n'est pas vrai. Pourquoi chercher à tromper les autres ?

— Il y a bien des raisons ! Elle, c'est pour qu'on s'occupe d'elle. C'est normal de vouloir donner une bonne idée de soi. C'est mieux quand on fait vraiment des choses intéressantes. C'est une bonne fille. Il faut lui donner le temps d'apprendre.

Berthe a toujours montré beaucoup de perspicacité en parlant des gens avec une compréhension chaleureuse. C'est ce qui la retient de brusquer sa fille, même si elle ne laissera pas ses douze mille dollars s'envoler.

— Moi, dit Jade, j'aime beaucoup voir les gens comme ils sont. Je suis très attentive. Un de mes amis, Xavier, veut toujours décider des jeux et conduire les opérations. Quand il s'énerve, il devient agressif. Si on s'oppose à lui, il cède du terrain, puis reprend vite les choses en mains. Je trouve ça fascinant, le comportement des gens ! Mon amie Marilyne plie facilement. Cependant, elle tient à ses idées et attend patiemment le moment où on se rangera à son avis.

—Je ne connais pas ton Xavier, dit Berthe, mais il y en a beaucoup comme lui. Obliger les gens à faire ce qu'on veut, ce n'est pas agréable pour les autres. Des fois, c'est la seule façon d'avancer. Il s'agit de la manière dont on s'y prend. Tu réussis mieux en poussant tes amis à te faire confiance plutôt qu'en les forçant à t'obéir.

Linda commence à éprouver de la tendresse pour sa grand-mère. Berthe ne sait rien de la composition des pigments ni de leur réaction à la lumière, mais elle fait des tableaux avec des couleurs si bien agencées que c'est une joie pour les yeux.

Elles rentrent plus tard préparer à trois un spaghetti. Berthe adore les pâtes. Ses yeux se mouillent quand elle coupe un oignon pour l'ajouter à sa sauce.

—Sais-tu pourquoi l'oignon te fait pleurer ? dit Linda.

—Mais oui ! Parce que ça pique les yeux.

—C'est à cause du soufre qu'il y a dans l'oignon.

—Le soufre, c'est dans les allumettes ! Où vas-tu chercher ces choses-là ?

—Il y en a dans l'oignon. Quand tu le coupes, des particules de soufre atteignent tes yeux. Ça donne de l'acide sulfurique, et c'est ce qui fait pleurer.

— De l'acide sulfurique ! Vraiment ! Si on t'en mettait dans les yeux, tu serais aveugle. Est-ce que l'eau est prête pour les nouilles ?

Jade y jette un coup d'œil. L'envie lui prend de rivaliser avec son amie.

— Sais-tu pourquoi il y a des bulles d'eau ?

— Parce que l'eau bout, dit Berthe.

— C'est parce qu'il y a de l'air dans l'eau. Plus elle chauffe, moins elle peut retenir l'air chaud qui a tendance à monter. Alors, l'air s'échappe.

— Mais où allez-vous chercher toutes ces choses ? s'écrie Berthe.

— Il y a aussi beaucoup d'eau dans l'air, intervient Linda.

— Si c'était le cas, tu serais toujours mouillée.

— L'humidité, c'est l'eau qu'il y a dans l'air. J'aime savoir ces choses-là.

— Et c'est très bien ! Pour moi, l'important, ce sont les gens. Comment ils se sentent. Ce qui leur arrive. Leurs façons de se conduire les uns avec les autres.

Les réactions et les attitudes de sa grand-mère sont de plus en plus une source de réflexion pour Linda. Un autre domaine à explorer ! Et aussi une autre chose dont elle pourra parler avec Jade, qui se passionne pour la psychologie.

Le spaghetti est prêt. Il fait si beau qu'elles s'installent dehors. Tout en mangeant, Berthe regarde avec admiration la maison voisine.

—Il est très bien, Gustave. Il ne savait pas dans quoi il s'engageait en commençant ses rénovations ! L'une entraîne l'autre, on n'en finit pas. Comme un enfant qui s'est trouvé un nouveau jouet.

—Moi, dit Jade, mon jouet, c'est d'observer les gens. Comprendre comment ils fonctionnent. Ce qu'ils ont dans la tête, dans le cœur.

—Moi, dit Linda, c'est d'apprendre toute sorte de choses. J'aimerais tout connaître ! Et toi ?

Elles savent bien qu'elles ne parlent pas de jouets.

—Moi, répond Berthe, c'est d'être entourée des gens que j'aime. Et vous avez raison, on a toujours des choses à apprendre. Ou retrouver des choses qu'on savait et qu'on a oubliées. Ces temps-ci, Gustave me pose plein de questions sur les enfants. Il veut tout savoir sur eux, leur évolution, la façon de s'occuper d'eux.

— C'est bien normal, dit Jade, Zenash attend un bébé.

— Alors, poursuit Berthe, ça me rappelle que je m'y connais. J'ai été enseignante. C'est beau, les enfants. Ils sont la jeunesse du monde. Il y a bien des jours où j'aimerais redevenir une petite enfant.

Linda fait la moue. Elle pense à ses deux frères et à leurs jeux qu'elle trouve insignifiants. Ils ne reçoivent pas d'argent de poche, ils ne peuvent pas aller au lac sans être accompagnés, on leur dit toujours quoi faire et ne pas faire.

— Moi, j'ai plutôt hâte d'être grande.

— Prends ton temps, dit Berthe. Ça viendra assez vite !

— Moi aussi, dit Jade, j'aimerais déjà avoir vingt ans. N'empêche que, en grandissant, on vit aussi des choses dont on aurait pu se passer.

Elle sourit, presque espiègle. Berthe y voit un bon signe : elle ne se morfond pas dans le drame qui l'a frappée. Jade se rappelle sa conversation avec Linda et demande à Berthe ce que c'est, pour elle, l'éternelle jeunesse.

— C'est vouloir vivre toujours. Seulement, avec l'âge, ta vue baisse, tes os deviennent plus fragiles, tes muscles faiblissent, tu entends moins bien… Alors, tu voudrais vivre au meilleur de ta force et de tes facultés.

—C'est à quel âge ?

—Celui que tu décides. Celui où tu te sens tout à fait bien.

Décidément, côté réponse, Berthe n'est jamais très claire. Linda ne se décourage pas. Il suffit de gratter, de fouiller, de poser d'autres questions.

—À quel âge est-on le plus heureux ?

—On peut être heureux à tout âge. Et puis, on ne peut pas avoir un autre âge que celui qu'on a. Vous êtes pleines de vie, toutes les deux ! Profitez-en, sans trop penser à ce que vous serez plus tard.

Une des choses les plus fascinantes chez les gens, pense Jade, ce sont certaines contradictions. Sa mère, toujours calme et souriante, cache des mondes de nervosité et d'inquiétude. Boris n'est jamais tout a fait ce qu'il semble être. Daniel, qui est toute franchise, porte des tas de secrets en lui.

—Toi, l'avenir t'intéresse beaucoup. Tu lis toujours les feuilles de thé. Tu te fais tirer les cartes. Est-ce que tu y croyais, quand Gustave t'a fait le tarot ?

—Bien sûr ! Avec un grain de sel. Tu sais pourquoi on se fait dire la bonne aventure ? C'est pour qu'on te parle de toi. En t'annonçant ton avenir, on te dit surtout ce que tu es, ce que tu aimerais. C'est agréable.

Linda trouve sa grand-mère bien sympathique de leur avouer cela.

— Gustave a dit que les magiciens pouvaient apporter l'or, le pouvoir, les plaisirs, l'éternelle jeunesse. Non, il n'a pas dit exactement cela. Il a dit que c'est ce que les gens attendaient des magiciens.

— Aujourd'hui, dit Berthe, on leur demanderait plutôt de nous donner d'avance le numéro gagnant à la loterie !

Jade et Linda échangent un coup d'œil complice, bien décidées à insister.

— L'argent, le pouvoir, les plaisirs, ça va, c'est clair, dit Jade. Ensuite, il y a des gens qui veulent rester toujours jeunes. C'est quoi, le plus bel âge ?

Berthe apporte la tarte aux framboises qu'elle a préparée le matin.

— Vous savez, les filles, vous avez parfois des questions bien difficiles. Avoir quatorze ans, comme vous, c'est magnifique ! On découvre le monde, tout nous intéresse, on peut compter sur ses parents quand on a des problèmes. Oui, c'est un bel âge. Ce n'est pas le seul. À l'école primaire, tu avais des copines, des copains, des jeux de votre âge. Au secondaire, tu te fais des amies plus proches, avec qui tu peux beaucoup échanger. Plus tard, tu rencontreras des garçons, tu tomberas amoureuse, c'est merveilleux. Quinze, seize ans, c'est un très bel âge. Dix-huit ans... C'est comme la nature. La beauté de la neige en hiver, l'effervescence du printemps, ces belles journées d'été au bord du lac, les couleurs de la forêt en automne....

Elle coupe la tarte. On ne s'ennuie pas avec des filles comme ça !

— Quand tu as fini tes études, tu commences à travailler. Des fois, c'est très intéressant. Des fois, ce l'est moins, mais tu commences à gagner de l'argent, tu peux t'acheter des choses qui te plaisent, et c'est très bon. Le plus souvent, tu es aussi en pleine santé. Tu te maries. Moi, ça n'a pas été un succès, mais j'étais quand même très heureuse au début.

— Pourquoi ça n'a pas marché ? demande Jade.

— J'avais mal choisi. Ou j'étais trop jeune. À trente ans, je me suis sentie en pleine forme. J'avais divorcé, ce qui n'est jamais agréable, et je me sentais libre. Aujourd'hui, je suis toujours heureuse. Et j'ai la chance d'avoir une fille et une petite-fille que j'aime beaucoup. Toi aussi, Jade, je t'aime vraiment.

Linda fronce les sourcils. Sa grand-mère a donc divorcé quand Josette était encore enfant, ce qu'elle ignorait. Elle met de côté les questions qui lui viennent à l'esprit.

— Ce que tu dis, c'est qu'il n'y a pas un âge meilleur qu'un autre.

— C'est bien cela. Je voudrais avoir la vitalité que j'avais à quinze ans. Rien ne me fatiguait ! Mais je me trouvais un peu laide, des boutons, des lunettes moches. Je voudrais alors avoir la beauté que j'avais à vingt ans. Cependant, à cet âge, j'étais toujours à court d'argent ! Finalement, je suis bien contente d'avoir l'expérience qui m'est venue avec le temps. L'essentiel, c'est de toujours trouver que la vie est belle. Car elle l'est ! À tout âge, tant qu'on garde la santé, son appétit, sa bonne humeur.

❑

Linda et Jade prennent des gants pour se protéger les mains, des gilets de sauvetage et les rames. Jade, qui n'a jamais fait de canot, n'a pas de peine à comprendre l'essentiel, qui est de se tenir droite et de conserver le même rythme. Linda s'est installée à l'arrière pour mieux diriger l'embarcation.

Jade a du mal à reconnaître le lac. Quand elle nage, elle est trop occupée à flotter. Du canot, elle a une nouvelle perspective sur les rives et les chalets. Près du bord, une pyramide de branches dans l'eau attire son attention.

— C'est une cabane de castors, explique Linda. Allons la voir de près.

Des castors ! Jade se sent émue. Même si Boris n'achète pas de propriété, elle aimerait bien que sa mère loue un chalet dans la région l'été prochain. Peut-être pourront-elles utiliser celui de Gustave ; il l'a déjà offert.

— Bijou a deux ans, dit Linda, poursuivant ses réflexions. Pour un chaton qui vient de naître, il est un grand chat. Pour nous, il restera jeune jusqu'à trois ou quatre ans. Ensuite, ce sera un chat adulte. Dans dix ans, ce sera un vieux chat.

— Pour les humains, on complique les choses, note Jade. Maintenant, nous sommes de jeunes adolescentes. Dans quelques années, on ne dira pas que nous sommes de vieilles adolescentes, mais de jeunes filles. Ensuite, nous ne serons pas de vieilles jeunes filles, mais de jeunes femmes.

Linda éclate de rire tout à coup.

— Je viens de penser que grand-mère est une jeune vieille dame. Non, vraiment, Jade, nous avons commencé à divaguer.

— C'est que, quand on parle des gens, de la vie, les choses ne sont pas aussi claires et nettes que la température de l'eau, la distance entre deux points, la nature des flocons de neige et la combinaison des couleurs.

— Tu as raison. Quand Bijou avait trois mois, il adorait jouer avec une boule de caoutchouc, un ruban, le moindre papier chiffonné. Il détestait se faire prendre dans les bras. Maintenant, il aime se faire caresser, il se tient sur mes genoux quand je lis ou regarde la télévision, il me paraît plus affectueux.

— Tu le préférais à quel âge ?

— À tous les âges ! Tiens, je crois que je viens d'apprendre encore quelque chose. Grand-mère a sans doute raison. Ce qui compte, c'est de retrouver chaque jour ceux qu'on aime.

— Ouf ! s'écrie Jade, amusée. On a donc fait le tour de la question. Et on devrait rentrer : j'ai dit à ma mère que je l'appellerai à huit heures.

Après avoir rangé le canot, elles regagnent la maison. Berthe est assise sur une berceuse, l'air soucieux. Très soucieux. Une mauvaise nouvelle ? Linda sent d'avance un vent glacé lui parcourir le dos. Elles s'assoient devant Berthe.

— Tu es une grande fille, Linda. C'est quelque chose qui te regarde. Mais comme

Jade l'apprendra vite, autant vous en parler ensemble. Ta mère est venue.

— Elle ne m'a pas attendue ? s'exclame Linda, déçue.

— Si elle est venue, c'est qu'elle voulait te voir. Je crois que ça l'arrangeait que tu ne sois pas là. Et que ce soit moi qui t'en parle. Ce n'est pas facile. Je pensais bien que c'était quelque chose comme ça. Ta mère a rencontré un homme.

— Je le savais, murmure Linda.

Berthe tousse pour s'éclaircir la voix.

— Elle veut vivre avec lui. Je crois qu'elle fait une sottise, mais il est impossible de raisonner avec elle. Elle est plongée dans un rêve, elle n'entend aucun argument. Moi, je la connais, je sais qu'elle agit sans réfléchir. Des fois, il faut attendre que ça passe. Seulement, pendant que ça passe, ça fait bien des dégâts autour.

Linda se sent un nœud dans la gorge et une pierre dans le cœur.

— Elle en a parlé à ton père. Il n'accepte pas. Il ne pourra jamais accepter. Je l'ai appelé. Il m'a raccroché au nez. Il doit être effondré, terrassé.

« Moi aussi », se dit Linda intérieurement.

— Ta mère est allée à Gatineau. Elle a encore des choses à régler. Tu resteras ici en attendant. Elle passera te prendre demain ou après-demain. Elle ne reviendra pas à Masham.

13

UNE PROMENADE EN FORÊT

LINDA A BIEN MAL DORMI. JADE L'ENTENDAIT PARFOIS GÉMIR DANS SON SOMMEIL. MÊME BIJOU, HABITUÉ À COUCHER CONTRE ses jambes, a choisi de passer la nuit sur le tapis, tellement elle changeait continuellement de position. Le matin, Linda fait des efforts pour se montrer un peu enjouée. Jade semble si heureuse d'être au lac qu'elle ne voudrait pas lui gâcher ses vacances avec ses problèmes.

— Aujourd'hui, propose-t-elle, nous allons plonger du haut du rocher.

— Tu oublies Zenash, lui rappelle Berthe. Elle vient à dix heures.

Jade a promis à Zenash de l'accompagner à Gatineau et à Ottawa pour lui faire visiter des boutiques. Zenash est seule, Gustave est à Toronto, ce ne serait pas gentil de remettre ça à un autre jour. Linda se sent partagée. Autant elle aimerait rester avec son amie et connaître Zenash un peu mieux, autant elle déteste l'idée de faire une tournée des centres commerciaux. Et puis, elle se sent trop triste, elle aurait l'impression de se faire traîner, de ruiner leur visite.

Zenash et Jade viennent de partir quand le téléphone sonne. C'est André.

— Bonjour, dit Berthe. J'ai essayé de t'appeler hier soir. Josette est venue. Je suis désolée de ce qui arrive.

— C'est ta faute. C'est ta fille, c'est toi qui l'as élevée.

— Écoute, vous êtes des adultes, vous prenez vos responsabilités.

— Une voleuse. Une menteuse. Une mère sans cœur. Je ne te félicite pas !

— Je comprends que tu sois bouleversé, c'est un gros choc, mais…

— Jamais elle ne m'enlèvera mes enfants, je te le jure !

— Il faut quand même essayer de s'entendre…

— Je sais ce que je dois faire ! Vous êtes tous contre moi, toujours. J'irai reprendre Linda. Je m'enfermerai dans la maison. Elle ne me prendra pas mes enfants !

— Attends de te calmer avant de décider…

André raccroche. Linda n'a entendu que la moitié de la conversation, mais l'expression de sa grand-mère ne lui dit rien de bon.

—Je crois que nous vivrons des jours assez pénibles. Quand les parents se chamaillent, les enfants en pâtissent. Ton père viendra te chercher.

—Je ne veux pas le voir. J'ai peur.

Instinctivement, Berthe la prend dans ses bras, la serre sur son cœur.

—Je serai toujours là pour toi. Mais c'est ton père. Tu ne peux pas te cacher, fermer les yeux. Tu préférerais vivre avec ta mère, n'est-ce pas ?

—Non ! Je veux vivre chez nous. Comme avant.

Berthe secoue la tête, impuissante. Pourquoi faut-il que de telles choses arrivent ? Comment faire pour réconcilier des gens qui ne s'entendent plus ?

—Moi aussi, ça me fait de la peine, ce qui arrive.

—Ils ne pensent jamais à moi.

—Linda ! Tu ne dois pas parler ainsi de tes parents. Les gens ne prennent pas ce genre de décision à la légère. Ça leur fait mal à eux aussi.

—Je ne veux plus les voir. Je veux rester avec toi.

—Ce n'est vraiment pas possible. Je t'aime beaucoup, mais je suis habituée à vivre seule. Et ne te fais pas d'illusions : moi aussi, tu me trouveras vite fatigante.

Berthe va chercher ses aquarelles. Elle se sent nerveuse, c'est la meilleure façon qu'elle a de se calmer. Même quand on a préparé le terrain, comme Josette l'a fait, il y a des décisions difficiles à accepter. Elle n'a pas de peine à se mettre dans la peau de l'adolescente. Une fille plus sûre d'elle-même pourrait affronter un chambardement de ses habitudes, de son environnement, de sa façon de vivre. Elle pourrait même y voir un défi intéressant, un monde à découvrir, un nouveau chapitre à écrire. Linda est d'une fibre plus fragile.

— Surtout, n'oublie pas que tes parents t'aiment.

— S'ils m'aimaient, ils ne feraient pas ça !

— Tout ne tourne pas uniquement autour de toi. Ils ont leur vie, eux aussi. Quand j'ai quitté mon mari, j'avais pesé le pour et le contre.

Le mari de Berthe a accepté sa décision, versant sans rechigner sa pension alimentaire. Ils sont restés amis. Quand il est mort sans s'être remarié, il lui a laissé tout ce qu'il possédait. André, ce sera autre chose, il se cramponnera aux enfants.

Une idée lui vient tout à coup : les douze mille dollars. Sa fille ne les a certainement pas volés. Les aurait-elle donnés à cet homme dont elle ne lui a rien dit, sauf qu'il s'appelle Stéphane ? Pour louer un appartement, acheter du mobilier, faire un dépôt sur une maison ? Si elle réclamait tout de suite un remboursement, sous peine de poursuites judiciaires, elle pourrait amener Josette à réfléchir à ce qu'elle fait. Bien sûr, si elle aime cet homme, si elle veut vraiment vivre avec lui, Berthe ne s'y opposerait pas. À chacun sa vie. Néanmoins, la situation ne lui paraît pas claire, Josette a surtout l'air d'agir sur un coup de tête. Et André, par son attitude négative, n'est pas d'un grand secours : il lui donne plutôt envie d'aller ailleurs.

— Tiens, de la visite.

Boris descend de la voiture avec Daniel.

— Bonjour ! Octave m'a appelé, il veut me montrer votre propriété.

— Il est bien le seul à savoir exactement où elle est ! Moi, j'ai les plans, mais je ne reconnais pas un bout de forêt d'un autre.

— J'ai pensé que Jade aimerait venir. Elle est là ?

— Elle est allée en ville avec Zenash. Vous avez entendu les prévisions ? La météo, précise-t-elle. On annonce un gros orage en fin de journée.

Boris lève la tête. Le ciel est bleu, le soleil brille de toutes ses forces.

— Ne vous y fiez pas, ça change vite. Enfin, Octave connaît ça, il ne se laissera pas prendre par la pluie. Venez donc souper au retour, vous me direz ce que vous pensez du terrain. Et Jade sera déjà revenue.

Ils ouvrent déjà les portes de la voiture lorsque Linda se précipite :

— Je peux aller avec vous ?

Boris interroge Berthe du regard. Elle comprend que Linda veut surtout ne pas être là quand son père viendra. Au téléphone, André lui a paru hostile, hors de lui. Un homme silencieux et renfermé qui se met en colère, ce n'est pas agréable. Mieux vaut lui donner le temps de se calmer.

— Vas-y donc, Linda. Ce sera plus intéressant que de me regarder étaler de la peinture. Mais va mettre des souliers de marche.

❑

Ils descendent à Wakefield, longent la rivière des Outaouais, puis s'engagent dans des chemins de forêt. Daniel fournit les indications, tourner à gauche, puis à droite, puis à gauche.

— Heureusement que tu es là, dit Boris. Sans toi, je serais perdu.

— Octave a une maison au village, et de la famille, mais, l'été, il préfère passer la moitié de son temps dans sa cabane. Sans électricité, juste une génératrice.

— Un ermite. J'aime ça. Des voisins qui ne dérangent pas.

Après d'autres zigzags, Daniel dit à Boris d'arrêter.

— On ne peut pas aller plus loin en voiture. Il faudrait un bulldozer ou un quatre par quatre. Mais ce n'est pas loin.

Ils s'engagent dans un chemin très inégal, coupé ici et là par des arbres abattus par l'âge ou la tempête et qu'on n'a pas pris la peine d'enlever. Dix minutes plus tard, ils débouchent face à une vieille maison en rondins. Boris remarque un ruisseau à deux pas. Au moins, il y a de l'eau. Octave, qui fumait une pipe en lisant un livre, se lève pour les accueillir.

— Tiens, Linda ! Justement, ton père est venu ce matin.

Boris jette un coup d'œil sur le livre, un ouvrage sur les loups.

— De belles bêtes. On m'a dit qu'il n'y en a plus dans la région.

— Il y en a, dit Octave. À moins que ce ne soient pas des loups. Des coyotes ? Des chiens errants ? J'aimerais le savoir ! Enfin, ça ne doit pas te faire peur, tu es habitué aux tigres et aux chacals. C'est qui, la pire bête ?

— Les tigres sont plutôt en Asie, mais je connais les lions, les léopards, les hyènes… Non, les bêtes ne me font pas peur. Je fais attention. La plupart du temps, précise-t-il en touchant ses cicatrices. La plus dangereuse ? Le lion ? L'hippopotame ? Un éléphant irrité ? Non, bien sûr, c'est l'homme. En Afrique, les hommes tuent plus de monde et font plus de ravages que toutes les bêtes mises ensemble.

Octave hoche la tête. Il va chercher une photo aérienne.

— Ça a été pris il y a trente ans, mais rien n'a changé ici. Avec le plan du cadastre, j'ai dessiné ma propriété. De ce côté, c'est celle de Berthe, on voit le petit lac. Elle se rend jusqu'ici. Là, ce carré, c'est la maison de Gervais. J'apporte la photo, elle nous sera utile au cours de la promenade.

Octave suit d'abord un sentier qu'il est seul à repérer, puis fonce carrément dans la forêt, avançant plus ou moins en ligne droite, contournant à l'occasion des touffes d'arbres, des troncs abattus, des effleurements de roches. On le sent dans son élément : il connaît ce coin de forêt comme sa poche.

Boris sourit largement, devançant parfois le vieil homme.

— Tu ne marches pas comme un gars de la ville, lance Octave.

— Ça me rappelle mon enfance au Manitoba. Quand je me trouve en forêt, je prends une bouffée d'air frais, des vitamines. Je suis chez moi.

Ils marchent trop vite pour Linda. Daniel s'attarde près d'elle.

— Tu es bien silencieuse.

— Ça va mal. Et j'ai mal en dedans.

Elle lui explique ce qui lui arrive. Daniel se sent tout triste. Il a bien remarqué, quand il se rendait chez Linda, que ce n'était pas une atmosphère aussi facile que chez lui. Bien sûr, son père est relativement prospère, alors que la malchance semble s'abattre sur André depuis des mois. Daniel ne pensait pas qu'il y avait tant de tiraillements entre les parents de Linda.

— C'est dur de vivre ça.

— Et puis, je suis sûre que mon père va se mettre à boire. Il a déjà commencé. Il me fait peur quand il boit. Il a un de ces regards…

— Tu pourras vivre chez ta mère.

— Je ne crois pas que ce soit vraiment mieux. Elle a toujours la tête ailleurs, elle oublie des choses, c'est exaspérant.

— Tu peux toujours compter sur moi, si je peux t'aider.

Octave et Boris se sont arrêtés, examinant une souche, ce qui permet à Linda et à Daniel de les rattraper.

— Un ours est passé par là, dit Octave. Ici, c'est la trace de sa patte. J'en vois des fois le matin. Pas aussi souvent que des chevreuils. Enfin, ça dépend de l'année.

Ils se remettent en marche. Octave va droit devant lui, sans hésiter.

— Heureusement qu'il y a Octave, dit Linda à Daniel. Je me serais déjà perdue dix fois !

— Il y a un truc. Passe-moi ta montre, j'ai oublié la mienne.

Il prend un brin d'herbe et le place sur l'axe des aiguilles.

— Tu en fais un cadran solaire, explique-t-il. À midi, le soleil est au zénith. Ou à onze heures, si on a l'heure avancée. Maintenant, il est près de quatre heures. Tu places la montre pour que l'ombre du brin d'herbe tombe sur le 4. Le Nord se trouve dans la direction du 11. Ou du 12 en hiver. Tu comprends ?

Il sourit : lui aussi, il peut lui apprendre des choses.

— Bien sûr ! s'exclame-t-elle. C'est ingénieux. On peut s'y retrouver, si on sait plus ou moins dans quelle direction on doit aller.

Avec ça, ils se sont encore fait distancer et accélèrent le pas pour rejoindre les autres. Ils atteignent bientôt une clôture, ou plutôt ce qui en reste, car bien des poteaux se sont effondrés, entraînant le fil de fer.

— C'est moi qui l'ai posée, dit Octave. Il y a cinquante ans. Ce n'était pas pour moi, c'était pour Galarneau. Quand il est mort, le mari de Berthe a acheté le terrain. C'est comme ça qu'elle en a hérité.

— Je vois. On continue ?

— J'arrête ici. Je dois soigner mes vieux os ! Tiens, prends la photo. Daniel se débrouille bien en forêt, vous ne vous perdrez pas. Quand même, ne vous attardez pas trop, ça commence à se couvrir.

Il rebrousse chemin. Les autres enjambent la clôture. Boris redouble d'attention, prenant note de la topographie, des types d'arbres, de leur état. Une demi-heure plus tard, ils atteignent le lac.

— Pas mal du tout ! s'écrie Boris. Il fait bien deux cents mètres.

— Environ, oui. Vingt ou trente pieds de profondeur, j'imagine. Assez pour qu'il y ait du poisson. Là-bas, regarde ! Un huart.

Boris s'assoit sur un rocher au bord du lac et allume une cigarette. Un coin sauvage, comme il les aime. On ne se croirait pas à quelques kilomètres d'un village, on se sent au bout du monde. Les gros nuages noirs qui montent à l'horizon ajoutent une note de sauvagerie qui ne lui déplaît pas. Il a toujours aimé la nature, dans sa douceur et dans sa brutalité.

— Dans le temps, j'imaginais de finir mes jours dans un endroit comme ça. J'aurais construit une piste d'atterrissage, assez longue pour un Cessna. Au fond, c'est inutile. Je n'ai pas besoin d'avion : on me dit que je peux en louer quand je veux à Ottawa. Ce qui me rappelle que j'ai promis à Jade de lui offrir un tour d'avion un de ces jours. J'espère qu'ils accepteront mon permis.

— Alors, dit Daniel, le visage heureux, tu songes à t'installer ici ?

— Ne nous précipitons pas. Pour l'instant, c'est pour Jade et pour Dewi. Je veux leur faire plaisir, c'est tout. Imagine un petit chalet ici, devant ce lac…

— Un peu cher, comme cadeau. C'est beau !

— Cadeau, cadeau… Pas vraiment. Moi, je n'ai pas de fonds de pension. Je n'ai pas droit à un régime de rentes. Mon argent, pour mes vieux jours, je l'ai surtout en Suisse. En prendre une partie pour acheter un terrain ici, c'est aussi bon que de le laisser à la banque. Et quelqu'un pourra en profiter.

Tout à coup, Linda, qui reniflait, éclate en sanglots. Boris la dévisage, sans montrer trop de surprise. Il semble prendre note de ce que les gens font ou ne font pas autour de lui, toujours avec une totale indifférence.

— Toi, tu n'es vraiment pas dans ton assiette.

Il a le ton de quelqu'un qu'on vient de déranger. À peine d'ailleurs, car rien ne semble pouvoir réellement déranger Boris. Linda se sent le cœur gros parce que son projet lui semble un grand geste d'amour à l'endroit de Jade et de Dewi, contrastant cruellement avec l'attitude de ses parents à son endroit.

— Non, ça va. Et puis, ça me regarde.

Elle essuie ses larmes. Elle a envie de parler et envie de se taire. Jade lui a dit que Boris « avait fait une croix » sur André et Josette, les trouvant sans intérêt. Ça l'avait blessée, il n'avait aucun droit de les juger. Mais c'était surtout une interprétation de Jade. Au fond, Linda ne peut pas savoir ce que cet homme pense de quoi que soit et de qui que ce soit.

Boris examine la photo aérienne. Le ruisseau qui longe la cabane d'Octave se déverse bien dans le lac. Il décide de se rendre à l'embouchure et de revenir ensuite en le longeant, ce qui leur évitera de se perdre.

Linda croit quand même qu'elle doit s'expliquer un peu.

— Mes parents veulent divorcer, dit-elle.

— Si ça leur chante... dit Boris en haussant les épaules. J'ai remarqué qu'on divorce beaucoup. Ou qu'on se sépare facilement quand on n'est pas mariés. C'était plus rare, plus difficile, il y a quarante ans.

Visiblement, la nouvelle ne lui fait ni chaud ni froid. Ils ont atteint le ruisseau. Boris s'accroupit, prend de l'eau dans ses mains et avale une gorgée.

— Très bonne. Là-bas, ce sont des castors, n'est-ce pas ?

Il montre un amoncellement de branches de l'autre côté du lac.

— Je crois, oui, dit Daniel. J'ai vu des arbres qu'ils ont coupés.

— Il y a sans doute un autre ruisseau, qu'on ne voit pas sur la photo.

Linda a l'impression de compter pour moins que rien.

— Ça me rend triste, moi, que mes parents ne s'entendent pas.

Boris se tourne vers elle, l'air fatigué.

— C'est leur affaire. À chacun ses oignons. Occupe-toi de ta vie, pas de celle des autres. On a bien assez de la sienne !

— C'est aussi ma vie ! riposte-t-elle, de plus en plus irritée. C'est trop moche ! Qu'est-ce que je vais devenir, moi ?

— Qui t'a dit que la vie est belle, facile, simple ? Pas moi, en tout cas.

Son ton a quelque chose de glaçant.

— Je ne sais pas quoi faire.

— Eh bien, moi non plus. Débrouille-toi, répond Boris.

C'est net et sec. Ils poursuivent leur marche. Daniel ne se sent pas à l'aise. Depuis qu'il a rencontré Boris, il a bien vu que ce dernier n'était pas porté à se mettre à la place des autres. Son attitude envers Linda le dérange beaucoup.

— Moi, j'ai l'impression que, quand quelqu'un a un problème, il faut l'aider.

— Quel problème ? Veux-tu me dire de quel problème il s'agit ? En Afrique, des gens se font la guerre depuis cinquante ans. Des millions de morts. Pas des milliers, des millions. Là où j'habite, mes employés sont souvent absents. Ils vont enterrer des parents tués par le sida. Un quart de séropositifs dans une population, ça se remarque. Je vois des bandes de crétins et d'illuminés qui attaquent des villages et exterminent tous ceux qui leur déplaisent. Des gens à qui on coupe les bras et les jambes parce qu'ils ne sont pas de la bonne tribu. Des enfants qu'on brutalise ou qu'on drogue avant de leur mettre une Kalachnikov dans les mains, et allez tuer pour nous. Des centaines de milliers de personnes qui ont faim et qui en crèvent. Qui crèvent vraiment, seuls, dans leur coin. Même des enfants au sein de leur mère.

Linda se sent mal. Tant d'horreurs... Elle commence à comprendre tout ce que Boris porte dans sa tête.

— Alors, poursuit Boris, vos petits problèmes... Je n'en ai rien à fiche, moi. Ce n'est pas sérieux.

Daniel ne dit rien. Ils continuent à marcher. Boris s'arrête souvent, observant un arbre, la trace d'un chevreuil dans l'herbe, un vol d'oiseau.

— Je te parle de l'Afrique parce que j'y habite. Il y a autant de choses dégoûtantes en Asie, en Amérique du Sud, en Europe, ici... Des gens vraiment dégueulasses. Qui blessent, qui tuent. Tu peux demander à Jade.

Linda se dit que, même s'il a raison, ce n'est pas tout. On ne meurt pas d'un mal de dents, mais ça fait parfois plus mal qu'un cancer. Elle n'ose pas le mentionner. Cet homme lui fait peur. Si au moins Gustave était là !

— Tu veux toujours apprendre, me dit Jade. Eh bien, c'est l'occasion d'apprendre deux ou trois choses sur la vie. D'apprendre à vivre. Il nous arrive toujours plein de choses désagréables. Ce qui t'arrive, ce n'est pas drôle, mais c'est quand même insignifiant.

Ils contournent la clôture, coupée par le ruisseau.

— Je trouve que tu es un peu dur avec Linda, dit Daniel.

— Moi ? Je dis ce qui est. Je ne vais tout de même pas lui raconter des blagues ! Le monde est moche et difficile, et chacun se tire d'affaire. Ou essaie.

Il se tourne vers l'adolescente.

— Quand les gens ont des problèmes idiots, je ne m'en mêle pas. Une famille qui tombe en miettes, ça ne me fait ni chaud ni froid. Les gens devraient être assez grands pour vivre leur vie sans déranger les autres. Et c'est à ceux qui font des enfants de s'en occuper.

Son visage change soudain, se radoucit d'un coup. Il pense à Jade.

— Si c'était une question de vie ou de mort, ce serait différent, je pourrais faire quelque chose. Dans ce qui t'arrive, tu peux et tu dois te débrouiller toute seule. Tu en es capable. Et c'est très gentil à toi de montrer autant d'amitié pour Jade. Elle t'aime beaucoup. Ça me fait plaisir de vous voir ensemble. Tu es une bonne fille.

Il lui donne un sourire tellement affectueux que Linda en est remuée. Un peu plus tard, ils retrouvent Octave, toujours fumant sa pipe.

— Un beau coin, n'est-ce pas ? Je ne sais pas ce que Berthe pense en tirer. Elle le fera sans doute évaluer. Wakefield grandit, les propriétés valent de plus en plus cher. Ce doit être un bon investissement. On pourrait y construire une cinquantaine de maisons. Après ma mort, j'espère !

Boris examine de nouveau la photo aérienne, retraçant leur itinéraire, évaluant les voies d'accès.

Tout à coup, un coup de tonnerre les fait sursauter. De grosses gouttes d'eau tombent sur la photo. Ils ont juste le temps d'entrer dans la cabane pour se mettre à l'abri.

— Tu disais que papa est venu ce matin ? demande Linda à Octave.

— Oui. Je ne sais pas pourquoi. Peut-être parce que nous allons ensemble à la chasse chaque automne. Ça tisse des liens. C'est même moi qui lui ai appris à se servir d'un fusil. Je n'ai pas aimé le voir comme ça. Il avait l'air trop déprimé. Des idées noires. Pourtant, bientôt ses affaires iront mieux.

Boris le questionne du regard.

— J'ai vu Pierre, le fils de Mariette Lavigne. On parlait de lui avec Berthe. Lui, sa mère lui a laissé trois cent mille dollars en plus de son terrain à Wakefield. Une fortune ! Il a déjà reçu le chèque. L'an prochain, il se construit une maison. Il compte sur André pour une bonne partie des travaux.

— Ça a dû le mettre de bonne humeur !

— Je ne le lui ai pas dit. C'est à Pierre de le faire. Il m'a dit qu'il l'appellerait ces jours-ci. Avant de partir, André m'a remis une lettre pour Berthe. Qu'elle ne doit pas ouvrir avant minuit. Ce qui n'arrivera pas, car j'ai envie de passer encore quelques jours ici. Je la lui donnerai la semaine prochaine.

— Je soupe avec elle ce soir, dit Boris. Je peux lui remettre la lettre.

— Ce serait gentil. Mais qu'elle ne l'ouvre pas avant minuit !

— Je le lui dirai. Là, on peut partir, l'orage est passé tout droit.

Octave secoue la tête. Même si le soleil se faufile entre des nuages noirs, ceux-ci semblent beaucoup trop lourds pour se dissiper.

— Je ne pense pas. On en a pour la soirée. Et ce vent ! J'espère que je ne perdrai pas trop d'arbres.

14

QUE TOUT FINISSE

OCTAVE AVAIT RAISON. BORIS DOIT MÊME S'ARRÊTER EN PLEIN MILIEU DE LA ROUTE DE TERRE BATTUE, TELLEMENT la pluie s'abat férocement sur le pare-brise, l'empêchant de voir devant lui.

— J'ai connu bien des orages tropicaux. Celui-là s'annonce aussi fort.

Il allume une cigarette. Secouée par les bourrasques, une branche s'abat à deux pas de la voiture. Boris démarre.

— On devrait attendre que ça se calme, suggère Daniel.

— Et que la forêt nous tombe dessus ? Des fois, il faut foncer. Nous passerons au travers.

Il est du genre combatif. Un orage, c'est juste un adversaire de plus.

Dans sa tête, Linda sent toute une tempête d'une autre nature. Trois cent mille dollars ! Pierre n'a pas pu hériter d'une telle somme. C'est plus que tout l'héritage. Elle ne se souvient plus de la part de Pierre, mais la succession entière s'élevait à cent vingt mille dollars. Elle est sûre du chiffre, elle l'a calculé plusieurs fois. Aurait-elle fait une erreur quelque part ?

La pluie diminue à mesure qu'ils approchent de Sainte-Cécile-de-Masham. Après avoir laissé Daniel chez lui, Boris se rend au chalet de Berthe. Là, il ne pleut pas encore. André est assis sur le perron, maussade, tirant sur une cigarette. Linda court l'embrasser. Il n'a pas l'air commode, sans doute irrité d'avoir dû l'attendre.

— Je t'ai dit mille fois que c'est imprudent d'aller avec des étrangers.

— J'étais avec Daniel. Et Boris n'est pas un étranger.

André dévisage Boris, toujours impassible, et baisse les yeux.

— Bon, Linda, on rentre à la maison. Va chercher tes affaires. Tout de suite.

Boris entre derrière elle. Jade lui saute au cou.

— C'était beau, la propriété ?

— Superbe ! J'aimerais y retourner avec toi et Dewi.

Linda fait ses adieux et sort en courant pour ne pas exaspérer son père davantage.

— Il ne semble pas de bonne humeur, commente Boris.

— On a essayé de bavarder, dit Berthe. Il n'était pas parlable. Il est resté dehors. Deux grandes heures sans dire un mot ! Il a dû fumer un demi-paquet. Lui qui était si content d'abandonner le tabac, il y a dix ans ! Je vais voir si ma lasagne est prête.

Elle retourne à la cuisine. Jade s'occupe de mettre les couverts sur la table. Boris remarque qu'elle paraît tout à fait sûre d'elle, comme si elle était chez elle. Sans trop le montrer, il suit de près son rétablissement.

— Moi aussi, dit Zenash, j'ai voulu lui faire la conversation. Il m'a regardée comme un zombie et s'est contenté d'allumer une autre cigarette. Il m'a vraiment fait penser à mon père quand il a voulu se suicider.

— Je ne savais pas cela.

— Il a fait une dépression de plusieurs mois. Il n'a pas voulu payer un pot-de-vin et le gouvernement s'est arrangé pour le conduire au bord de la ruine. Des harcèlements continuels. Ils se sont même attaqués à ma mère. Elle était médecin et ils ont lancé des rumeurs sur ses compétences, de façon à décourager sa clientèle. Moi, j'étais à l'école et on me faisait aussi des chinoiseries. Finalement, le ministre en question a exagéré : il est tombé en disgrâce, et tout est redevenu comme avant. Mon père a de nouveau eu des contrats ; il ne se sentait plus coupable de tout ce qui nous arrivait et il a remonté la pente.

Boris se rappelle ce qu'Octave a dit à propos d'une nouvelle maison pour la construction de laquelle le propriétaire ferait appel à André.

— J'espère que ce sera la même chose pour le père de Linda.

— Des fois, il suffit d'attendre, dit Zenash. La dépression est vraiment une maladie. On n'a plus sa tête. On n'a plus son jugement. On peut décider n'importe quoi, faire exactement le contraire de ce qu'on doit faire. Seulement, moi, André, je ne le connais même pas, je ne peux pas lui dire qu'il a besoin de soins. Et puis, c'est difficile. Dans son état, il n'écoute pas.

— Il a toujours eu la tête dure, dit Berthe. Indépendant. Je n'aime pas le voir avec Linda. Pas maintenant. Mais il est son père, je ne pouvais pas la retenir. Au moins, Josette a appelé durant l'après-midi. Elle finit de travailler à sept heures, elle règle deux ou trois choses et elle reprend les enfants. À neuf heures au plus tard.

— André est au courant ?

— Il a répondu : « Si elle les veut, qu'elle les prenne ! Je les aurai au moins jusqu'à neuf heures. Ensuite, que tout s'en aille au diable ! »

❑

André peste en conduisant.

— Saleté de pluie ! Si tu étais rentrée plus tôt, on l'aurait évitée. Tu le savais bien qu'on annonçait un orage en fin de journée.

Linda ne répond pas. Ce soir, son père est vraiment à prendre avec des pincettes. Il gare la voiture dans le garage et entre avec Linda par la porte de la cuisine. Les lumières sont éteintes. Linda est surprise de ne voir personne.

— Maman est déjà passée ?

— Non. À neuf heures. Viens. On va au sous-sol.

Linda a du mal à comprendre. Où sont ses frères ?

— Tu as dit à grand-mère que Pascale était avec eux.

— Je n'ai pas eu besoin d'elle. Tes frères sont en bas.

— Tout seuls ? Tu les as laissés tout seuls ?

Des fois, pris de court, ses parents lui demandent de garder ses frères. La plupart de temps, ils engagent une gardienne, Pascale, Renée ou une autre.

— Rien ne pouvait leur arriver. Ils dorment. Allez, on descend.

Il allume la lumière du bas et ferme derrière lui la porte qui mène au sous-sol. Il y a mis une serrure deux ans plus tôt. On avait cambriolé chez des voisins. Les voleurs s'étaient introduits par les fenêtres du sous-sol. Josette était très inquiète et André avait installé la serrure pour qu'elle puisse condamner la porte et dormir en paix quand il s'absentait. On ne s'en était jamais servi. En entendant la clé tourner, Linda a l'impression qu'elle lui râpe le cœur.

Pourquoi verrouille-t-il la porte ? Son père agit machinalement, il ne s'est peut-être même pas rendu compte de ce qu'il faisait. Elle descend l'escalier. Ce n'est pas normal. Quelque chose lui échappe. Jean-Noël et Martin dorment paisiblement dans le vieux divan-lit qu'André a pris la peine d'ouvrir, sans y mettre de draps. Linda s'approche et écoute leur respiration tranquille.

— Tu vois, ils dorment. Ils sont bien, eux !

André les contemple, affectueusement.

— Je leur ai donné du Valium, explique-t-il. Ils dormiront au moins six heures.

— Du Valium ? s'écrie Linda.

— C'est ce qu'il y a de mieux. Ils doivent faire de très beaux rêves.

— On ne donne pas du Valium aux enfants ! Tout le monde sait ça ! C'est trop dangereux.

— Pas pour eux. Je voudrais t'expliquer... Attends un instant.

Jean-Noël et Martin jouent souvent dans le sous-sol, mais Linda y descend rarement, sauf pour la lessive. C'est plutôt en désordre, avec de vieux meubles dont son père n'a pas décidé de se départir. Elle approche un fauteuil.

Elle remarque alors autre chose de bizarre. Son père a cloué des contreplaqués sur les deux fenêtres du sous-sol.

Linda se sent prisonnière. Elle a soudain envie de partir, de s'enfuir.

Appeler quelqu'un. Pour dire quoi ? Qu'elle est inquiète, que son père n'est pas dans son état normal. Oui, appeler sa grand-mère. Non, Berthe sait qu'André agit étrangement et elle l'a laissée partir avec lui. Gustave ? Non, il est à Toronto.

Elle se rappelle le jeu avec les dix-sept clous. La solution, c'était d'en ajouter un pour effectuer les calculs. Un catalyseur. Un étranger. Si une autre personne se trouvait là, son père changerait d'attitude.

Qui ? Daniel ? Elle connaît son numéro par cœur. Elle s'approche du téléphone et compose le numéro. Ça sonne. Ça sonne.

André revient avec une bouteille de gin. Elle raccroche aussitôt, le cœur défait. Il remplit un grand verre en la regardant fixement.

— Ce n'est pas bon, boire, murmure-t-elle.

— Si je ne bois pas, je ne pourrai pas.

Il ne pourra pas quoi ? C'est bien mystérieux. André avale une longue gorgée et allume une cigarette.

— Tu as raison, ma petite. Le tabac, c'est une cochonnerie. La boisson aussi. Un poison. Et plus tu vis, plus tu vois plein de saletés autour de toi.

Il prononce les mots lourdement, s'interrompant souvent, les yeux vides.

— Un monde pourri…

Linda pense alors à Boris, dans la forêt. Ils parlent presque de la même façon, et c'est tout à fait différent. Boris, comme quelqu'un qui a le dessus, qui tient le gouvernail bien en main. Son père, comme un vaincu. Ce serait ça, la dépression ?

— Le mieux, je t'assure, c'est de ne pas vivre. Ça ne vaut pas le coup. Je veux t'éviter tout ça…

Il a l'air de divaguer. Et pourtant non, il a réfléchi, il sait ce qu'il dit.

— C'est la meilleure chose à faire. Pour toi, pour moi, pour tout le monde.

— Faire quoi ?

Il ne semble pas l'avoir entendue. Il est ailleurs.

— Avec ta mère, ce sera pire. Elle ne sait prendre soin de personne. Moi, j'ai tout raté. Elle aussi. Ce sera toujours comme ça.

Il boit une autre gorgée. Il a déjà vidé le tiers de la bouteille.

— Elle ne vous aura pas. Je t'éviterai cela. Je t'éviterai tout.

Le téléphone sonne.

— Non, ne réponds pas. Je ne veux parler à personne. Je ne veux plus voir personne. Jamais.

— Moi, je veux sortir.

— Toi, tu restes là.

« Débrouille-toi », a dit Boris. Que peut-elle faire ? Elle n'a pas la clé de la porte. Et son père est dix fois plus fort qu'elle.

Souvent, elle se sentait moche. Elle regardait son visage et trouvait son nez trop gros, ses joues trop rondes, ses lunettes trop laides. Par contre, elle se sentait plus intelligente que d'autres qui étaient plus belles. À quoi ça peut lui servir d'avoir un cerveau qui fonctionne bien ?

En dépit des contreplaqués, on entend la pluie qui tombe sur le toit du garage. Des coups de tonnerre éclatent, lui serrant le cœur à chaque fois.

— Je veux que tu comprennes que je fais ça pour ton bien, dit André. Tu te souviens de Doudou ?

C'était leur chien. Quand il a eux treize ans, il était sourd, presque aveugle, faisait sous lui et gémissait toujours. Son père lui avait expliqué qu'il n'y avait rien à faire. La bête souffrait du matin au soir, il fallait se résigner à l'euthanasie. Linda l'a accompagné. Elle tenait le chien dans ses bras quand le vétérinaire lui a donné l'injection. Doudou l'avait regardée, soudain relaxé. Il était mort heureux.

— Oui, je me souviens. Tu avais raison, c'était la meilleure chose à faire.

— Pour les gens, c'est pareil.

Un signal d'alarme s'allume dans la tête de Linda. Non, ce n'est pas pareil. Pour des grands malades, peut-être. Pas pour des gens en bonne santé.

André remplit son verre, allume une cigarette, puis tire un flacon de sa poche.

— Maintenant, tu vas prendre deux Valium.

— Je ne veux pas.

— Tu vas prendre deux Valium. Ils commenceront à faire effet dans une demiheure. Dans une heure, tu dormiras aussi bien que tes frères.

Le téléphone sonne encore. André ne s'en occupe pas. Il remplit un verre d'eau et le tend à Linda avec les deux comprimés.

— Je n'ai pas envie de te les enfoncer de force dans la gorge, mais je le ferai si tu m'y obliges.

— Pourquoi veux-tu que je les prenne ?

— Pour me faire plaisir. Ensuite, je t'expliquerai.

Linda a vu une scène semblable dans un film. La victime ne voulait pas prendre un somnifère, ou peut-être un poison. L'autre, beaucoup plus fort, l'a prise dans ses bras et lui a pincé le nez. Elle a bien dû ouvrir la bouche pour respirer – et avaler le comprimé.

Elle n'a pas le choix, elle ne pourrait pas résister à son père.

André la regarde attentivement, puis se dirige vers le vieux réfrigérateur qu'il garde dans le sous-sol pour sa bière et des rafraîchissements. Linda a pris soin de tenir les Valium contre sa gencive. Elle le suit des yeux. Quand il lui tourne le dos, elle saisit l'occasion, les retire de la bouche et les jette à terre. Ils sont intacts, ils n'ont pas eu le temps de se dissoudre. Elle les écrase tout à fait sous sa semelle.

Au moins une chose de gagnée ! Sa petite victoire la met de bonne humeur. Sans rien enlever à son inquiétude.

André, qui a l'œil à tout, a quand même deviné son manège. Il revient, tout souriant, deux verres de jus de pomme à la main, qu'il pose sur la table à café.

— Tiens, je t'ai apporté un jus. Je n'aime pas boire seul.

Linda contemple le verre, un peu méfiante. Non, elle a vu son père verser le jus dans les verres.

— Tu es une fille intelligente, Linda. J'ai toujours aimé ça. Même si, dans ce que tu dis, il y a souvent bien des choses qui me dépassent !

Il boit lentement une bonne gorgée de jus. Linda a encore sur la lèvre la saveur désagréable des comprimés. Elle avale un peu de jus pour s'en débarrasser.

André hoche la tête, le regard affectueux, presque attendri. Il a aimé le geste de sa fille. Elle, elle résiste, elle se défend, elle ne se laisse pas faire.

— D'après toi, c'est du jus cent pour cent pur ou fait de concentré ?

— Je ne sais pas. C'est écrit sur la boîte.

— Tu as l'esprit scientifique. Ou il y a une différence, ou il n'y en pas. On devrait le remarquer. D'après moi, c'est du jus naturel. Bien que…

Il déguste une petite gorgée, puis avale une grande rasade.

Linda l'observe, étonnée. Comment peut-il s'intéresser à un jus en ce moment, après avoir montré un comportement aussi inquiétant ? Au moins, ça a l'air de lui changer les idées : il paraît plus normal, plus chaleureux.

— C'est bien ça, déclare-t-il. Une longue gorgée, ça a un goût différent. Tu ne trouves pas ?

Toujours sur le qui-vive, Linda veut bien faire plaisir à son père pour le garder dans ses bonnes dispositions. Elle prend une petite gorgée, puis une longue.

— Ça a le même goût.

— Mais pas du tout ! Essaie encore, en te concentrant.

Elle reprend une petite gorgée, puis vide le verre.

— C'est du jus naturel, j'en suis sûre.

— Aucun arrière-goût ?

— Non. Pourquoi ?

— J'y ai mis deux Valium.

❑

Linda a du mal à s'en remettre. Son père l'a trompée ! C'était une comédie. Et elle s'est laissé prendre ! Malgré sa méfiance.

André ne sourit plus. Il affiche même une expression douloureuse.

—Il le fallait, Linda. Tu es loin d'être bête. Oui, je t'ai vue. Je m'y attendais. Je savais que tu t'arrangerais pour ne pas avaler les comprimés. Je te félicite, tu as bien fait ça. Mais il faut ce qu'il faut. J'en avais déjà mélangé dans le jus, je n'ai eu qu'à en ajouter un peu. Ça masque bien la saveur, n'est-ce pas ?

Elle n'a pas envie de répondre. Elle lui en veut trop.

Et il y a pire : elle a pris les somnifères, elle finira par s'endormir.

De combien de temps dispose-t-elle ? Et que peut-elle faire ?

Et lui, pourquoi a-t-il fait cela ?

—Pourquoi ? demande-t-elle. Pourquoi tiens-tu à ce que je dorme ?

—C'est mieux pour toi. Et pour eux, ajoute-t-il en montrant ses frères.

—Moi, je veux savoir ! Je veux comprendre !

—Tu as toujours voulu tout savoir.

André remplit son verre de gin et en vide un bon quart, lentement, les yeux de plus en plus lourds.

—Josette viendra à neuf heures, dit-il. À neuf heures moins quart, je verserai de l'essence partout dans la maison. J'ai deux bidons.

—Tu ne vas pas mettre le feu ? s'écrie Linda, horrifiée.

—Vous ne souffrirez pas. Je ne veux pas que vous souffriez ! Je fais tout ça pour que vous ne souffriez jamais plus.

Un nœud dans la gorge, elle le regarde, incrédule.

—Je veux m'en aller ! Laisse-moi partir !

André boit une autre gorgée.

—J'ai mis la chaîne sur les portes. À neuf heures, elle devra sonner pour entrer. J'ai assez de balles dans mon fusil. Une pour Martin, une pour Jean-Noël, une pour toi. Tu comprends ? C'est mieux que ça arrive quand vous dormez.

Linda ouvre la bouche. Elle a tant de choses à dire ! Et les mots ne sortent pas.

—Vous ne vous rendrez compte de rien. Tout se passera en douceur. Je ne veux pas que vous ayez mal ! C'est pour ça que tu devais prendre les Valium.

Linda s'éclaircit la gorge. C'est un mauvais rêve, un cauchemar. Il faut résister, l'éloigner, le faire disparaître.

— Papa ! Tu ne peux pas faire ça ! Tu ne peux pas nous faire ça ! Je t'aime, moi !

André la fixe du regard. C'est dur à entendre, ces mots-là. Plus vite elle dormira, mieux ce sera. Pas question de reculer.

— La dernière sera pour moi, murmure-t-il lourdement. Après avoir mis le feu.

Il se met à rire brusquement. C'est sinistre.

— Elle ne vous aura pas ! Elle n'aura rien ! Ça fait deux mois que je ne peux même plus payer l'assurance de la maison.

Livide, Linda comprend que son père est devenu fou. Il sait ce qu'il fait, mais il ne le sait pas vraiment. Elle doit réfléchir. Réfléchir.

Quels arguments employer ? Une idée, vite !

— Tu ne peux pas ! Tu ne dois pas ! Il y a des problèmes et il y a des solutions.

Encore faut-il les trouver. Jusqu'à présent, elle n'en a pas.

— C'est ce qu'il y a de mieux, affirme André. Vivre, c'est trop moche.

— Si tu le croyais vraiment, tu n'aurais pas besoin de boire.

Il la regarde avec des yeux d'halluciné. Linda a l'impression, pour la première fois, de voir le visage nu du désespoir. Ce n'est pas beau.

—On trouve son courage où on peut. Ce ne sera pas facile, tu sais. Je vous aime tellement ! J'aimais aussi Doudou.

Tout à coup, une illumination. Zenash disait que, quand on est déprimé, il suffit parfois d'une bonne nouvelle. Et elle en a.

—Octave a dit que Pierre, le fils de Mariette, va se construire une maison. Et il voudra que tu t'en occupes.

André écarquille les yeux. De quoi parle-t-elle ? Il s'est toujours bien entendu avec Pierre, ils étaient comme deux frères quand ils étaient jeunes, mais il ne l'a pas vu depuis des années.

—Une grande maison. Ce sera un beau contrat !

—Oublie ça, ma petite. Pour moi, les contrats, c'est toujours quelque chose qui me passe sous le nez. On te fait travailler et on oublie de te payer. On te donne de quoi ne pas crever de faim pour continuer à te taper dessus.

Ses paupières se crispent un peu. Il se dit qu'il doit cesser de trop boire, autrement il ne se rendra jamais au bout.

—Et puis, Pierre n'a pas vraiment le sou. Pas assez pour se construire.

—Justement, il a hérité. Oui, oui, c'est à ça que je pensais. Regarde.

Elle ouvre son sac et en sort ses feuilles de calcul.

— Tu vois ? Il a eu trois cent mille dollars de sa mère. C'est le quart de l'héritage. Ça veut dire que l'héritage, c'était un million deux cent mille. Toi, tu as reçu cinq pour cent. C'est soixante mille. Pas six mille. Demers essaie de te voler.

Elle parle trop rapidement. André ne s'y retrouve pas dans tous ces chiffres et ces formules.

— Oublie ça. Je me suis toujours fait voler. Tu as peut-être raison, mais ça donne quoi ? J'ai encaissé le six mille dollars. C'était un règlement final.

— Pas s'il y a une fraude !

— Oh ! tais-toi, tu veux juste me faire changer d'avis. Je ferai ce que je dois faire, c'est tout. La vie, c'est toujours une chose moche après l'autre. Je ne veux plus continuer. J'en ai assez.

Le téléphone sonne encore.

— Je vais le débrancher, ce maudit appareil !

— Laisse-moi répondre. Je dirai de rappeler demain.

— Si ça te fait plaisir… Mais attention ! Un mot de trop, et je n'attends pas qu'il soit neuf heures.

Linda prend l'appareil. C'est bien Daniel.

— Linda ? Ça fait cinq fois que j'essaie d'appeler. Ça va bien ?

— Oui, j'étais occupée, je ne pouvais pas répondre.

— C'est quand même toi qui viens d'appeler. C'est sur l'afficheur.

— Oui.

— Tu appelais à propos de ta montre ? J'ai oublié de te la rendre, mais je l'ai. Ça va, si je te l'apporte demain ?

— Oui.

— Tu as l'air bizarre. Tu ne peux pas parler, c'est ça ?

— Oui. Oh ! Daniel, tu te souviens de ce qu'a dit Boris ?

— Il a dit bien des choses.

— Quand nous traversions la clôture. Quand il a dit qu'il pourrait faire quelque chose. C'est arrivé. Tu pourras le lui dire. Et merci d'avoir appelé. Je compte sur toi.

15

LA LETTRE

BERTHE, SPÉCIALISTE DES PÂTES, A PRÉPARÉ UNE SUCCULENTE LASAGNE. EN RÉPONSE À SES QUESTIONS, BORIS A SURTOUT PARLÉ de la propriété.

— Oui, elle m'intéresse beaucoup. Vous avez là un coin splendide ! Quand j'ai vu ce huart… Un de mes grands amis habite dans le coin. Jacques Dalban.

— Je connais ce nom-là. Je l'ai vu à la télévision. Il écrit des livres ?

— Oui. Il sera bien surpris de me voir à deux pas de chez lui ! Quand nous serons vieux et perclus, nous pourrons fumer quelques pipes avec Octave. Je l'aime bien, cet homme-là.

— Tu pourras aussi venir fumer chez nous, dit Zenash en souriant.

Jade sent un beau vent chaud dans son cœur.

— Tu y penses vraiment ? Ce serait si bon !

— Ce n'est pas pour demain. Ici, je devrai m'habituer à payer mon vin et mon tabac à des prix extravagants ! J'aurai une plaque d'immatriculation qui dit JE ME SOUVIENS. Je n'aime pas beaucoup, ça m'a l'air rétrograde, tourné vers le passé. Je préférais LA BELLE PROVINCE, comme dans le temps. Quand même, le Québec me semble beaucoup plus intéressant qu'il y a quarante ans, quand je suis parti. C'est presque vivable.

— Presque ? dit Berthe. Qu'est-ce qui vous déplaît ?

— Quand on gratte, le monde est à peine vivable. Les gens sont à peine supportables. Moi aussi, d'ailleurs.

— Il suffit de ne pas trop gratter, dit Jade, amusée.

Il la dévisage, heureux et surpris. Dire que deux mois plus tôt, il ignorait jusqu'à l'existence de cette fille inattendue. Cette fille qui porte maintenant une blessure profonde et qui parvient quand même à voir l'existence avec une sérénité étrange qui lui vient peut-être de sa mère. Qui sait ? Avec le temps elle se fera un bel appétit pour la vie. Elle a du ressort, et c'est l'essentiel.

— Dans deux ou trois semaines, je dois retourner en Tanzanie. J'ai trop traîné, je finirai par rater des contrats dont j'ai besoin.

— Comme André, commente Berthe.

Se voir comparer à André ne semble pas plaire à Boris. Il se retient de dire quoi que ce soit de désagréable.

— Je veux retourner voir votre terrain avec Jade et Dewi. Octave pense qu'il vaut plus cher que vous ne croyez. Il est trop bien situé. Faites-le évaluer

Il regarde l'horloge : huit heures. Dewi profite de l'absence de Jade pour remettre à jour quelques dossiers qui traînaient. Boris se dit qu'il a encore le temps. D'autant plus que l'orage a repris de ses forces : on voit à peine le lac. Une flaque d'eau s'est formée dans la cour et les gouttes d'eau s'y abattent comme des clous.

— Je regrette que Linda ne soit pas là, dit Berthe. Ça m'inquiète de la savoir avec son père. Elle ne doit pas passer une très belle soirée, morose comme il est.

Boris se rappelle sa conversation avec l'adolescente. Daniel avait raison : il a peut-être été trop dur avec elle. Il pense aussi aux derniers propos d'Octave.

— Tu m'as parlé de cet héritage, dit-il à Jade. Tu as mentionné des chiffres…

— Mariette n'a laissé que des *pinottes*, dit Berthe. Je la croyais plus riche que ça. On se fait toujours des idées sur les gens.

— Octave a mentionné un de ses fils. Pierre. Lui, il a reçu trois cent mille.

Berthe a l'air d'avoir reçu une brique sur la tête.

— Non, ce n'est pas possible. Linda a fait les calculs.

— Il va se construire une maison. Selon Octave, il donnera le contrat à André. J'imagine que c'est un bon ami. Ou qu'il a confiance en lui.

— André travaille très bien, affirme Berthe. Mais Pierre rêve en couleurs. Il a mal lu le testament.

Jade regagne soudain sa chambre. Elle a écrit une recette de Berthe sur le verso d'une des feuilles qui leur a servi à calculer. Elle leur montre les formules.

— Pierre a eu trente mille, puisque André a eu six mille. À moins que…

Elle sort un crayon et se remet à calculer. Pierre avait droit au quart. Dans ce cas, le total, c'est un million deux cent mille. André avait droit à cinq pour cent. Il aurait dû recevoir soixante mille, pas six mille.

— La seule façon de tirer cela au clair, c'est de parler à un autre héritier.

Berthe réfléchit. Maurice, le fils de Mariette, passe l'été dans une roulotte, se promenant d'un bout à l'autre du continent. Quant à sa sœur Monique, elle a perdu sa trace depuis longtemps. Mais elle a toujours le téléphone de Julie, la fille de Mariette, à Montréal.

— D'après toi, demande-t-elle à Jade, quelle est la part de Julie ?

— Si Pierre a reçu trois cent mille, elle a eu quatre cent mille.

Ils sont dans le salon. Berthe prend le téléphone dans la cuisine et appelle Julie. Elle a de la chance, Julie est là. C'est une longue conversation, pleine de potins et de commérages. Finalement, Berthe rejoint les autres.

— Elle a eu quatre cent mille. Et elle a tous les détails de l'inventaire. Toute la succession. D'après elle, André a dû recevoir soixante mille dollars. C'est clair, il se fait voler. Ce ne sera pas la première fois ! Avec Léon Demers comme exécuteur testamentaire, ça ne m'étonne pas. Demain, je conseillerai à André de consulter un avocat. Je le paierai moi-même pour en avoir le cœur net. Le salaud, quand même ! Bien sûr, il dira qu'il s'est trompé, qu'il a oublié un zéro, et il se cherchera d'autres mauvais coups à faire. Il faut toujours le surveiller, celui-là !

Le téléphone sonne. C'est pour Boris. Il prend l'appareil, étonné.

— J'essaie d'appeler depuis vingt minutes, c'est toujours occupé, dit Daniel. Il s'agit de Linda. Elle m'a mentionné votre conversation près de la clôture.

— Je ne m'en souviens pas.

— Quand tu as dit que ce serait différent si c'était une question de vie ou de mort. Elle a dit que c'est arrivé.

— Qu'est-ce qui est arrivé ?

— Je ne sais pas. Elle est en danger, j'en suis sûr. J'étais inquiet. Je suis passé la voir, malgré la pluie. J'ai sonné. Pas de réponse. Pas de lumières dans la maison. J'ai regardé les fenêtres du sous-sol. On y a cloué des contreplaqués. Pourtant, j'avais appelé chez elle et elle a répondu. Elle est là-bas ! Et Bijou était dehors, tout grelottant. Son chat. Ce n'est pas normal. Pas à cette heure. Pas dans un orage.

— Je n'y peux rien, moi, si les gens ne veulent pas répondre.

— Tu as quand même vu dans quel état était son père.

— Écoute, je n'ai pas la vocation de courir après toutes les donzelles en détresse.

— C'est l'amie de Jade. Et mon amie.

— Bon. Tu es chez toi ? Je te rappelle dans cinq minutes.

Boris raccroche, soucieux. Daniel ne le dérangerait pas pour rien, et il lui doit beaucoup. Et il est sensible à l'amitié naissante entre Jade et Linda.

— J'aimerais voir la lettre d'André, dit-il à Berthe.

— Je ne peux pas l'ouvrir avant minuit, rappelle-t-elle.

Elle a laissé l'enveloppe sur la table du téléphone. Boris la décachette tranquillement

— Vous n'avez pas le droit !

— En effet, je n'ai pas le droit. Et même si j'avais donné ma parole...

Il lit. Son expression ne change pas. Juste un mot :

— L'idiot.

Il tend la lettre à Berthe. Elle refuse d'y jeter un coup d'œil, malgré sa curiosité. Il la passe à Zenash. C'est une lettre de suicide. Décousue, inquiétante, écrite nerveusement, parfois peu lisible : « *J'ai fait ça pour les enfants. Pour qu'ils n'aient pas à passer par les misères que j'ai connues. Et que je ne veux plus vivre. J'aimais Josette. Ça n'a servi à rien. Les enfants, elle ne les verra plus. Ni la maison. Tout le monde était contre moi. Je n'en pouvais plus. André.* »

— C'est horrible. Les trois enfants… Il est vraiment à bout. J'avais senti ça.

— Tu ne pouvais rien faire. Pourquoi minuit ?

Jade veut prendre la lettre. Boris l'en empêche, puis la lui donne.

— C'est horrible, murmure-t-elle. Pourquoi ? Comment il a fait ?

— Justement : pourquoi minuit ? dit Boris. Peut-être que rien n'est encore arrivé.

Berthe finit par prendre la lettre. Son visage s'allonge jusqu'aux talons.

— Ce n'est pas possible ! Bien sûr, c'est une vengeance. Contre Josette. Oh ! que les choses sont tristes !

Elle a les yeux en larmes. Boris pense à l'appel de Daniel. À l'heure qu'André a donnée à Octave. Pas avant minuit. Parce que, avant minuit, on a le temps.

— Comment ça se passe, ici, dans ces cas-là ? On appelle un médecin ? On prévient la police ?

— Vous croyez qu'il est encore vivant ?

— Je ne sais pas, moi. Ici, on n'égorge pas, je ne crois pas. On se sert d'un fusil, d'un revolver. S'il y avait eu des coups de feu, je pense bien que des voisins seraient allés voir. On vous connaît bien, quelqu'un vous aurait déjà prévenue.

Berthe retrouve son sang-froid. Si c'était vrai, s'il y avait de l'espoir…

— Je vais appeler la police. Ils ont un poste au village. Ils sont entraînés, ils sauront quoi faire.

— Ce n'est pas une bonne idée, dit Zenash.

Berthe la regarde, démunie. Évidemment, se dit-elle, ça se passe autrement en Éthiopie. Ici, c'est une affaire pour la police. Elle ne veut toutefois pas la rabrouer trop vivement.

— Je vais les appeler, décide-t-elle.

— Attendez, dit Boris. Pourquoi ce ne serait pas une bonne idée ?

— Ça fait longtemps que ça va mal pour lui, explique Zenash. Il a beaucoup de caractère, même si ça ne paraissait pas toujours. Je ne sais pas ce qu'il veut faire, ni quand, ni comment, mais il est décidé. Désespéré et décidé. Alors, s'il entend des sirènes, s'il voit des policiers à la porte, il fera ça plus vite, c'est tout.

— C'est vrai, admet Berthe. Il aurait beaucoup trop honte de changer d'avis. C'est une tête dure, il voudra aller jusqu'au bout.

Boris réfléchit. Il prend le téléphone, examine le cadran, trouve le numéro de Daniel en mémoire et l'appelle. Il sait où il habite.

— Je passe te prendre dans quinze minutes. En attendant, pense à la maison de Linda. Je voudrais entrer sans faire de bruit. À tantôt.

— Je vais avec toi, dit Jade.

— Reste plutôt ici. Tu ne pourrais rien faire.

— Si rien n'est encore arrivé, elle aura besoin de moi. Non, papa, je ne discute pas, j'y vais.

Il sourit. C'est tellement rare qu'elle l'appelle ainsi ! Et puis, à sa place, il ferait comme elle.

— Moi aussi, dit Berthe. Ce sont mes petits-enfants.

— Surtout pas ! On n'y va pas en troupe d'éléphants. Je jette un coup d'œil, puis je vais voir la police avec Daniel, c'est tout. Je leur montrerai la lettre, je les convaincrai d'y aller prudemment, avec doigté. Vous avez les clés de la maison ?

— Non. Oui, je les ai ! J'ai remarqué, tout à l'heure : Linda a oublié ses clés sur le comptoir, près du réfrigérateur. Elle est partie si vite ! Tenez, je vous passe un parapluie.

Il est huit heures et demie quand il sort avec Jade. Une voiture arrive au même moment. Josette, bien sûr, qui vient chercher sa fille. Malgré la pluie battante, il remarque son visage défait. À tort ou à raison, elle a pris une décision difficile, il est normal qu'elle se sente bouleversée en passant à l'action. Ces choses ne le concernent pas, qu'elle s'arrange avec ses problèmes. Son seul souci, c'est que Linda n'en subisse pas les contrecoups. S'il peut les lui éviter. S'il n'est pas trop tard pour quoi que ce soit.

❑

Josette pousse la porte et entre, l'air craintif. Dès qu'elle voit sa mère, elle se jette dans ses bras. En pleurant.

— Ça va, ma petite, ça va, dit Berthe en lui caressant les cheveux.

Durant toute son enfance, son adolescence, durant toute sa vie Josette a souvent fait le contraire de ce qu'elle aurait dû, se laissant porter par un rêve, une fringale, un mauvais jugement. Sa mère était toujours là, patiente et compréhensive, attendant que le vent passe, toujours prête à consoler, à réparer les pots cassés.

— Où est Linda ?

— Avec son père. Qu'est-ce qui t'arrive ? Tu as l'air bouleversé.

— Je veux la voir ! Non, j'ai trop peur. Oh ! maman, pourquoi j'ai fait ça ?

Elle recommence à pleurer. Berthe lui passe une boîte de Kleenex, gentiment.

— Je dois y aller, dit-elle. Il faut que j'y aille. Il m'attend à neuf heures. Veux-tu venir avec moi ? Je me sentirais mieux si tu étais là.

— D'accord, je vais avec toi.

Zenash se rappelle la demande de Boris, et sa propre inquiétude. Elle doit les retenir aussi longtemps que possible. Ce ne sera pas facile.

— Tu es trop nerveuse, dit-elle, tu dois d'abord te calmer un peu.

Elle lui verse une tasse de thé. Josette la remercie du regard. Autant elle a hâte de retrouver ses enfants, autant elle apprécie un délai.

— Tout s'est bien passé avec Stéphane ? demande Berthe. Les enfants ont un coin où aller ? Vous avez une maison, un appartement ? C'est assez grand ?

Au lieu d'obtenir des réponses, elle déclenche une autre crise de larmes.

— En me rendant chez lui, je savais que je faisais une erreur, finit-elle par dire.

— Et tu ne pouvais pas t'en empêcher. Je le sais.

— C'est toujours comme ça. Je veux tellement qu'il fasse beau que je sors sans parapluie. Et il se met à pleuvoir.

Berthe connaît bien sa fille. Josette et la maturité, ça a toujours fait deux.

Josette regarde Zenash. Ça la gêne de parler devant une étrangère. Et puis, quelle importance ? Tôt ou tard, Zenash aussi saura tout.

— En me rendant chez Stéphane, je me demandais ce que j'étais bien en train de faire. Je pensais aux enfants. Seraient-ils vraiment plus heureux en ville ? En vivant avec Stéphane, je leur offrais vraiment une meilleure famille ?

Ces choses, on y pense avant, se dit Berthe. Mais elle ne veut pas remuer le fer dans la plaie. Josette a toujours été quelqu'un qui réfléchit après coup.

— Je pensais aussi à André. Il est souvent insupportable, surtout ces derniers temps. Avec tous ses problèmes… Et je me mettais souvent contre lui, plutôt qu'à ses côtés. Des fois, je ne sais pas pourquoi, je dis des choses… C'est quand même lui que j'aime. Parce que je l'aime. Et lui, il aime vraiment nos enfants. Je n'avais pas pensé à Stéphane sur ce plan. Stéphane a bien des qualités, mais il ne connaît rien aux enfants, il préférerait même qu'ils restent avec leur père. Les maisons et les appartements que nous avons visités, il n'a jamais fait d'offre. Il veut qu'on vive ensemble, tous les deux. Il ne veut pas les enfants. Moi, je ne peux pas me passer d'eux.

Berthe reconnaît bien là sa fille. Laisser les choses les plus importantes, si elles sont difficiles, à la dernière minute, espérant que tout s'arrangera.

— Je lui ai donné la journée pour réfléchir. Je suis allée travailler. Je n'avais pourtant pas la tête à ça ! Tout à l'heure, il m'a tout avoué. Il veut qu'on commence notre vie ensemble chez lui, sans personne d'autre. C'est alors que je lui ai demandé ce qu'il avait vraiment fait des douze mille dollars.

Berthe soupçonnait bien quelque chose du genre. Pour elle, il ne s'agissait que d'une thermopompe, elle pouvait attendre.

— Il devait les investir dans des fonds technologiques qui rapportent beaucoup et vite. Je lui faisais confiance. Ce n'est pas une mauvaise personne, Stéphane.

— Juste un peu inconscient, note Berthe.

Ç'aurait été un drôle de couple, pense-t-elle, aussi volage l'un que l'autre, s'enthousiasmant pour la moindre chose qui brille.

— Ça devait doubler de valeur en trois mois. Il en était sûr.

— J'espère au moins que l'investissement est à ton nom.

— Ça, oui, j'ai insisté. Mais il n'a pas tout investi. Comme il s'attendait vraiment à en obtenir le double, il n'y a mis que dix mille. Remarque, il n'a pas eu tort. Son courtier lui a dit que ça en vaut maintenant onze mille. Et je peux les retirer quand je veux.

Berthe soupire. Elle-même, elle ne fait confiance qu'aux bons du Trésor et aux fonds sûrs, et à son compte d'épargne. Elle a vu des gens gagner de l'argent à la bourse. Elle en a surtout vu en perdre.

— Et le deux mille ?

— Il a tout perdu au casino. Mais je te rembourserai !

— Bien sûr, mais prends ton temps. Que vas-tu faire maintenant ?

— Je voudrais tout oublier. Je voudrais qu'André veuille encore de moi. Je voudrais que tout soit comme avant.

16

LE SOURIRE DE BORIS

En quittant la propriété de Berthe, un pépin: un grand cèdre s'est abattu sur le chemin, bloquant le passage. Impossible de le contourner : il y a un fossé à gauche et la falaise rocheuse à droite. Et c'est la seule route. Ça a dû arriver il y a quelques minutes, après le passage de Josette. Boris examine l'arbre.

—Trop lourd pour toi. Et pour moi aussi. Surtout avec mon épaule.

—On va marcher. On fera du pouce. Il faut arriver !

—Je sais, ça presse. J'ai un câble. Tu tiendras le parapluie, je ne veux pas être trempé jusqu'aux os.

Il prend une grosse corde de nylon dans le coffre arrière et fait le tour de l'arbre. Il ne peut pas l'enrouler autour du tronc, mais il l'attache solidement à une branche qui semble solide. Après avoir fait demi-tour, il accroche l'autre extrémité à un des anneaux sous le châssis.

— On pourra repousser l'arbre de quelques pieds. Assez pour passer.

Jade, tout en le protégeant de la pluie, le regarde avec admiration. Lui, il ne s'énerve pas, et rien ne l'arrête. Un père comme ça, c'est de l'or. Elle pense aussi à Linda. Pourvu qu'ils arrivent à temps !

— On verra bien si ça marche. Tu sais conduire ?

— Oui, mais je n'ai pas de permis.

— Ça ira. Avance très lentement, sans mouvement brusque, autrement la corde ne résistera pas.

Jade prend le volant. La corde se tend. Elle prend soin de ne pas accélérer, tout en regardant son père dans le rétroviseur. Il surveille le tronc, la façon dont Jade parvient à le tirer, le poussant alors dans la bonne direction. Dix minutes plus tard, après bien des efforts, ils ont dégagé la route. Boris reprend son câble ; il pourrait encore en avoir besoin.

— Bon, une chose de faite. Ce n'était pas trop difficile.

Il jette son veston mouillé sur le banc arrière et reprend le volant. Jade respire lourdement, un point dans le cœur. Si quelque chose était déjà arrivé à Linda ? Pourquoi faut-il toujours que quelque chose nous retarde quand on est pressé ? Boris devine à quoi elle pense :

— Il y a toujours des imprévus. On les contourne. On fait ce qu'on peut.

Il pense aussi à la lettre. Quand André a parlé de minuit, il ne savait peut-être pas que Josette viendrait à neuf heures. Il pourrait passer à l'action plus tôt que prévu. Arriveront-ils vraiment à temps ? Il est impossible de rouler trop vite, on y voit mal et la chaussée est glissante.

Quand ils atteignent Masham, l'orage a diminué. C'est maintenant une pluie fine. Daniel les attend devant chez lui avec un coffre à outils. Jade est à l'avant, il s'assoit sur le siège arrière.

— Le mieux, c'est de reprendre la route principale. Je te dirai où tourner.

— Comme toujours, tu es un bon navigateur. As-tu pensé à la maison ?

— Oui. J'ai dû dire à mon père que tu avais besoin de moi pour un petit travail urgent. Ça l'étonnait que je prenne les outils. J'ai un pointeau et un jeu de tournevis. J'ai pensé que tu saurais faire sauter une serrure.

— Je l'ai fait assez souvent. Du moins, les serrures ordinaires. Ce ne sera pas nécessaire, j'ai les clés de Linda, elle les avait oubliées au chalet.

— Il y a trois portes. L'une donne sur le garage, on peut l'oublier. Celle d'en avant a un bloque-porte sécuritaire. Celle de la cuisine, à l'arrière, a juste une chaîne. J'ai apporté une grosse pince : on devrait pouvoir la couper.

— Vous parlez comme des cambrioleurs, dit Jade.

— C'est ce que nous sommes. Il y a des lumières extérieures ?

— Oui, mais elles n'ont pas de capteurs, on les allume de l'intérieur. Quand je suis passé, tout était noir. Les voisins ne nous verront pas. Surtout avec ce temps.

— Et les fenêtres ? demande Jade, de plus en plus intéressée.

Elle découvre un autre aspect de son père. Et de Daniel. Aussi efficaces et prévoyants l'un que l'autre.

— Celles du salon sont en pleine vitre, on ne peut pas les briser. Celle de la cuisine est trop haute. Il y en a deux dans la salle à manger. Du modèle coulissant. Je crois que je réussirai à les forcer. Tu sais, Boris, je suis content que tu fasses ça.

— Je n'ai encore rien fait. Nous allons jeter un coup d'œil, c'est tout. Si ça semble vraiment louche, nous irons voir la police.

— Ton épaule, ça va ?

Boris touche sa blessure.

— Plus ou moins. Je ne suis pas en état de me battre et je n'en ai pas l'intention. Je connais une seule prise de judo, et je ne pourrais pas la faire. La plupart du temps, il suffit de se servir de sa tête.

Ils sont arrivés. Boris préfère garer sa voiture un peu plus loin et revenir sur ses pas, malgré la pluie. Ce coin de rue est désert, on ne voit personne, personne ne les voit. C'est peut-être l'heure d'un bon téléroman ou d'une joute sportive.

Jade remarque l'affiche À VENDRE chez le voisin. Sans doute ce Roméo Deschamps dont Linda lui a parlé. Fatigué de payer des amendes, il a décidé de déménager.

La maison d'André a l'air lugubre sans éclairage ; à peine un peu de lumière qui suinte des fenêtres du sous-sol. Boris, Jade et Daniel peuvent se glisser dans l'ombre et contourner la maison jusqu'à se rendre à l'arrière, du côté de la cuisine.

— Pas un mot, pas un bruit, murmure Boris. Si vous remarquez quelque chose, touchez-moi le bras. Et restez toujours derrière moi.

❑

Linda a tout essayé, tous les arguments, toutes les prières. Son père s'est contenté de la regarder en buvant tranquillement d'autres rasades de gin. Il ne fléchira pas. La maison, qui n'est plus assurée, passera au feu. Josette n'aura pas les enfants, juste un souvenir tragique qui lui empoisonnera la vie.

Il a la certitude de faire un acte de justice. Et un geste compatissant, épargnant à ses enfants tous les malheurs susceptibles d'être vécus dans une existence.

Surtout, ne plus réfléchir. Il sent au fond du cœur une envie sourde de tout oublier. Il ne faut pas. On commence une chose, on la finit.

Linda cogne des clous. Elle ne peut plus parler, les mots ne se forment pas. Elle s'adresse mille reproches. Elle aurait dû faire plus attention. Mieux surveiller son père. Soupçonner qu'il pouvait mettre les Valium dans le jus de pomme. Intelligente comme elle est, elle aurait dû mieux discuter, négocier, convaincre son père. Profiter d'une inadvertance pour lui arracher le fusil. Au besoin, lui tirer deux balles dans les jambes pour l'immobiliser et ainsi sauver ses frères. Et elle-même. Elle aurait dû se méfier davantage dès le début. Elle aurait dû…

Et Boris qui lui disait de se débrouiller… Comment ? Qu'aurait-elle pu faire ? C'est vrai, elle a appris des choses sur les gens, sur la vie. Qui ne lui serviront à rien.

Et si son père changeait d'idée, tout à coup ? Pas avec ce qu'il a bu. Il ne peut plus réfléchir. Juste suivre machinalement son projet.

De plus en plus confuse, elle s'accroche encore à un espoir. La partie n'est peut-être pas perdue. Elle a réussi à parler avec Daniel. Qu'a-t-il compris ? Le message n'était pas très clair. Elle ne pouvait pas faire mieux, son père écoutait tout ce qu'elle disait. Daniel est intelligent, alerte, observateur, mais comment pourrait-il se rappeler les propos formulés par Boris à un endroit précis ?

C'est inutile, il est déjà trop tard. Et peut-être pas. Daniel, elle lui a quand même mis la puce à l'oreille ; il a compris qu'elle ne pouvait pas parler ouvertement. Il s'inquiétera, il préviendra Boris, ils courront à sa rescousse.

Elle entend la voix de Boris : « Qu'elle se débrouille ! » Là, elle ne peut plus agir. Elle a fait tout ce qu'elle pouvait.

Mourir. Elle va mourir. Comme ça, bêtement. Ça ne fait pas mal. Son père ne veut pas qu'elle souffre. Elle s'endormira et ne se réveillera plus.

— Neuf heures moins quart, dit André.

Cette voix qui vient de loin…

Il lui tend le fusil. Elle essaie de l'agripper. C'est impossible, elle a les bras mous, ses muscles ne répondent pas.

Il la regarde, satisfait. Avant de s'éloigner, il voulait savoir si la drogue faisait bien son effet. Il se redresse lourdement et pose le fusil en haut d'un placard. Si jamais Linda parvenait à se lever, elle ne pourrait pas l'atteindre.

« Mon Dieu, murmure-t-il intérieurement, donnez-moi la force d'aller jusqu'au bout. »

Il a laissé les bidons près de l'escalier. Il en ouvre un et répand l'essence dans le sous-sol. L'odeur lui arrache une grimace. Attendre. Reprendre son souffle. Il saisit l'autre bidon et monte à l'étage. Il ne peut pas ouvrir la porte. Il secoue la poignée, furieux, puis se rappelle la clé. Il descend la chercher. En passant, il boit une gorgée de gin, retrouvant son courage. Il remonte, prêt à continuer.

❑

Au chalet, Josette n'y tient plus. Elle veut rentrer chez elle, retrouver les enfants, retrouver André. Zenash ne peut plus la faire patienter.

—Bon, on y va, décide Berthe.

Elle prend son sac à main. Puis elle s'arrête.

— Non, ça ne se passera pas comme ça ! Attendez, j'en ai pour un instant. Je veux en avoir le cœur net.

Elle rappelle Julie. Bien étonnée, celle-ci va chercher la lettre de Léon Demers lui annonçant sa part de l'héritage. Son adresse d'affaires, son adresse électronique et ses numéros de téléphone figurent sur l'en-tête. Berthe note tout et la remercie.

— Maintenant, à nous deux.

Elle n'essaie même pas le numéro au bureau, ce doit être fermé, et compose directement le numéro du cellulaire. Un coup. Deux coups. Trois coups. Après la quatrième sonnerie, quelqu'un prend l'appareil. Il parle anglais, mais ce doit être lui.

— Léon Demers ?

— Yes.

— Ici Berthe Lemieux. Tu te souviens de moi ? Je t'ai enseigné quand tu étais au primaire.

Léon éclate de rire.

— Berthe Lemieux ! Oui, je me souviens très bien. Vous me donniez toujours plus de devoirs qu'aux autres.

— Et je ne t'ai pas puni assez, tu faisais toujours des coups pendables.

Il rit encore.

— Au fond, ce sont de bons souvenirs. Qu'est-ce que je peux faire pour vous ?

— L'autre jour, Octave m'a appris que ta mère est une Galarneau. C'était une cousine de mon mari. Cousine bien éloignée, mais cousine quand même.

— Ça alors ! Nous avons des liens de parenté ? Évidemment, dans ces petits villages… C'est gentil de me le dire. Et vous prenez la peine de m'appeler pour ça ! J'apprécie vraiment.

Berthe hoche la tête. Elle revoit encore le petit garçon roublard, affable, engageant, cherchant toujours à se faire des amis pour mieux en profiter.

— Je ne t'appelle pas seulement pour ça. Tu te souviens d'André Saunier ?

Là, Léon semble hésiter.

— Ça me dit quelque chose. Vous savez, il y a des années que je ne suis pas retourné à Masham.

Berthe sourit. Elle a décelé la pointe d'inquiétude dans la voix. Il sent la soupe chaude. Elle retrouve son ton sévère d'enseignante mécontente :

— Tu t'en souviens très bien. Il a épousé ma fille. Tu viens de t'occuper de son héritage. Celui de Mariette.

— Vous savez, je brasse tellement d'affaires…

— Celle-ci, tu aurais pu faire mieux. Mariette lui a laissé soixante mille dollars. Tu lui as envoyé un chèque de six mille. Une erreur, je suppose. Tu vas rectifier ça.

Silence au bout de la ligne. Puis :

— Je n'ai pas tous les chiffres en tête, mais j'ai le rapport de la banque. Tous les chèques ont été encaissés. En les encaissant, les gens acceptaient les conditions. C'était un règlement final. Le dossier est clos.

— Le dossier n'est pas clos. Pour un juge, ça sent la fraude à plein nez.

— Un juge ?

— Tu m'as entendue. Tu ne voudrais pas être soupçonné de vol, n'est-ce pas ? Alors, tu prépares une lettre d'excuses avec un chèque pour la différence. Cinquante-quatre mille dollars. Si tu nous compliques la vie, tu te retrouves en cour. Et tu devras payer les intérêts et les pénalités. Et tu perdras ton permis de travail. Et bye-bye la Floride.

Silence encore. Berthe attend, patiemment, les sourcils froncés.

— Écoutez, dit Léon, je crois que vous avez raison. Vous savez, je manipule des centaines de milliers de dollars toute la journée. Le testament de Mariette, c'était un dossier parmi d'autres. Oui, je me souviens maintenant : André avait droit à soixante mille. Ma secrétaire a certainement fait une erreur.

Déjà enfant, et pris sur le fait, Léon cherchait toujours à blâmer les autres.

—Je vous promets de tout arranger demain matin.

—Je compte sur toi. La prochaine fois, regarde bien les chiffres, mon cher neveu.

Berthe raccroche, l'air illuminé, soulagé, satisfait.

—Le mieux, c'est toujours de parler aux gens. Vous voyez, ça n'a pas été trop difficile. Maintenant, on peut y aller.

❑

Boris a facilement ouvert la porte avec la deuxième clé. Daniel a vu juste, il y a une chaîne. Il pourrait sans doute la faire sauter d'un coup d'épaule, mais il risque de faire du bruit. Daniel lui tend la pince. Ce n'est pas facile. Boris a juste assez d'espace pour glisser sa main. Méthodiquement, s'y reprenant à plusieurs reprises, il parvient à couper les deux côtés d'un maillon.

D'un geste, il fait signe aux deux autres d'attendre dehors. Il avance prudemment. Ça sent l'essence. Ça sent beaucoup l'essence.

La lumière qui monte du sous-sol éclaire une partie de la cuisine et du corridor. Boris avance lentement, silencieusement, se collant aux murs.

André a versé les trois quarts du bidon dans le salon, la salle à manger et le couloir. Tout est clair dans sa tête. Quand il descendra, il videra le reste dans l'escalier du sous-sol. Il abattra les enfants, mettra le feu qui se répandra d'un coup dans toute la maison, puis il se tirera une balle dans la tête.

Il palpe la poche de son pantalon. Rien. Où a-t-il mis le briquet ? Doit-il aller chercher des allumettes dans la cuisine ?

Son cerveau fonctionne lentement. Il se rappelle quand même qu'il était assis et a glissé le briquet dans la poche de sa chemise. Il le sort et l'allume. C'est une belle flamme, le briquet est neuf. Il le remet dans sa poche.

Il a les doigts en caoutchouc, le briquet lui tombe des mains. Frustré, il se baisse pour le reprendre.

Un pied se pose sur le briquet. Un pied qui n'est pas le sien.

Le cœur glacé, il pense à un fantôme. Il touche cette cheville, dérouté, puis se redresse.

Il y a un homme ici. Un homme qui dit juste un mot :

— Non.

❑

André reconnaît Boris. D'où sort-il ? Comment est-il entré ?

La sensation de danger le réveille, refoulant l'alcool, lui rendant son énergie. Il est costaud, habitué à travailler, à soulever les matériaux de construction. Un homme de soixante ans, il peut l'abattre d'un coup de poing.

Il le repousse violemment et dévale l'escalier. Boris le rejoint aussi vite.

— Attends une seconde.

— J'aurai aussi une balle pour toi, rugit André en saisissant son fusil.

— Je n'ai rien contre toi, dit Boris. Écoute…

Il lui met tranquillement la main sur l'épaule. C'est presque un geste d'amitié.

Les amateurs d'arts martiaux connaissent ce nerf qui traverse l'épaule. Quand on le pince fortement, on fait cruellement mal à son adversaire. Quand on serre encore plus fort, on peut l'immobiliser, le paralyser.

Boris a facilement trouvé ce nerf à travers la chemise. André tombe aussitôt à genoux. Rapidement, Boris lui assène un deuxième coup, au même endroit, du côté de la main. Il s'est rappelé de vieux exercices de karaté.

André s'écroule, gémissant, se frictionnant l'épaule.

Daniel s'est avancé prudemment jusqu'à la porte du sous-sol. Il descend en dix secondes. Boris prend le fusil et le lui tend.

— Mets ça de côté. Tu peux revenir avec Jade, tout va bien.

André commence à comprendre que les choses ont mal tourné. Il voudrait encore se précipiter sur l'intrus, mais en a aussi peur. Les effets de l'alcool, momentanément dissipés, reprennent le dessus.

— Mais de quoi tu te mêles...?

— Reste où tu es, dit Boris. Ou je t'immobilise pour longtemps.

Il ne saurait pas comment faire, mais il a appris depuis toujours l'efficacité d'un ton autoritaire.

— Ça ne te regarde pas, ces choses-là ! Tu es chez moi. Je ne t'ai pas appelé !

Boris regarde les enfants dans leur lit. Il dorment, ils respirent. Aucune trace de violence. Linda fait un peu pitié. Elle le fixe avec des yeux vagues, vitreux.

Il préfère attendre le retour de Daniel avant de s'occuper d'elle.

— Je ne dérange personne et je n'aime pas qu'on me dérange, dit-il.

André grimace. Il ne parvient pas à remuer le bras. Le moindre mouvement lui envoie des secousses électriques dans l'épaule. Au moins, il lui reste l'autre bras. Il ne se laissera pas faire. Il avance encore vers Boris, en se méfiant toutefois.

Boris le laisse s'approcher. Puis, brusquement, il le frappe au bas de la gorge avec ses doigts tendus. Un autre exercice de karaté.

André tombe, accroupi, toussant pour ne pas étouffer.

— Et je n'aime pas les gens qui veulent régler leurs problèmes sur le dos des autres. Et je n'aime pas du tout les adultes qui veulent imposer leurs problèmes à des enfants.

Jade, qui descendait avec Daniel, entend ces derniers mots et éprouve une grande affection pour son père.

— On est arrivés à temps ?

— Oui, la rassure-t-il. Toi, dit-il à André, évite de bouger. Ça me mettrait de mauvaise humeur. Je sais aussi crever des yeux.

Il lève la main, l'index et le petit doigt dressés. André pâlit et ne bouge plus.

Pendant que Daniel s'assure que les deux enfants sont simplement endormis,

Jade serre Linda dans ses bras, qui réagit à peine, engourdie, assommée.

— Qu'est-ce que tu lui as donné ? demande Boris sèchement.

— Juste du Valium.

Boris repousse gentiment sa fille et donne deux solides paires de gifles à Linda. Elle a soudain l'air de se réveiller. Aussi rapidement, Boris lui passe la main autour de la tête et lui pince le nez, lui enfonçant de l'autre main deux doigts au fond de la gorge.

Linda tente de le repousser, puis se plie en deux et vomit.

— Va chercher de l'eau, dit Boris à Jade.

Linda boit un grand verre, puis un deuxième. Elle secoue la tête.

— Merci. Ça va mieux. J'entendais mal, mais je voyais tout. Je ne pouvais pas bouger.

Boris la dévisage, impassible. Elle croit toutefois déceler de la sympathie, une sorte d'amitié dans son regard.

— Tu vois, tu t'es bien débrouillée.

Elle secoue la tête.

— Non. Je n'ai rien pu faire.

— Des fois, se débrouiller, c'est appeler ceux qui peuvent t'aider. Tu as vraiment été très intelligente. La conversation près de la clôture… Il fallait y penser ! Heureusement, Daniel s'est rappelé ce qu'on disait.

Que faire, maintenant ? Donner à André le temps de réfléchir. Ramener Linda et les enfants chez leur grand-mère.

Ils entendent du bruit, en haut. C'était prévisible. Berthe n'aurait pas pu attendre un coup de fil au chalet, elle est venue avec Josette et Zenash.

Boris s'approche d'André.

— Tu as été stupide, c'est tout, dit-il à voix basse. Ça arrive. On ne va pas en faire une histoire. Tu oublieras cela. Tout le monde l'oubliera.

— Ça sent le diable ! s'écrie Berthe en descendant.

— Juste un petit accident, dit Boris.

Josette regarde Linda, les deux garçons endormis, André qui a de la peine à se redresser. Instinctivement, elle se jette sur lui. Il la serre dans ses bras, l'air triste et heureux à la fois. Soulagé. Plus que soulagé : sa femme l'aime, ses enfants l'aiment, il a l'air d'un naufragé qui se retrouve sain et sauf sur une plage ensoleillée.

Josette l'embrasse encore, puis elle va voir les enfants. Elle a aussi besoin de les toucher, de leur montrer son affection.

Zenash les contemple longuement puis se tourne vers Boris :

— On te doit une fière chandelle.

Boris hausse les épaules. Il a déjà tourné la page.

— Berthe a tout arrangé, ajoute Zenash. C'est toute une femme, elle ! Oui, elle a parlé à Léon Demers. André recevra le reste de son argent dans quelques jours.

Berthe hoche lentement la tête, un peu rougissante, embarrassée.

— Vraiment, c'est surtout grâce à Linda. On lui doit tout. C'est elle qui a voulu examiner le testament. Elle sentait que quelque chose clochait.

Boris réfléchit, puis se dirige vers André.

— Tu sais ouvrir un chemin dans la forêt ?

André le dévisage, éberlué. De quoi parle-t-il ?

— Avec un bulldozer. Une voie d'accès. Ça fait partie de ton métier, non ?

— J'ai déjà fait ça.

— J'aurai un travail pour toi. On en parlera une autre fois. Daniel, Jade, on s'en va, Dewi m'attend. Et je suis tout mouillé, je dois changer de vêtement.

Daniel jette un coup d'œil autour de lui. Il ne s'habituera jamais à cet homme. Pour Boris, le chapitre a pris fin, il pense à d'autres choses.

— Veux-tu venir avec nous ? propose Jade à Linda.

— Je reste près de mon père. Il aura besoin que je sois là. J'irai te voir demain.

Berthe regarde encore les flaques d'essence dont l'odeur lui monte à la tête :

— Maintenant, allez-vous m'expliquer ce qui est arrivé ?

Boris l'arrête d'un geste de la main.

— Il ne s'est rien passé ici, affirme-t-il. Rien du tout. Des bidons se sont renversés, il faudra nettoyer. Rien ne s'est passé, je ne suis jamais venu ici, je vous laisse à vos affaires. Daniel, Jade, on part.

❑

Boris s'installe au volant, Jade à côté de lui, Daniel à l'arrière. La pluie a tout à fait cessé.

— On les quitte comme ça ? s'étonne-t-elle.

— Je ne veux rien savoir de leurs affaires. Qu'ils s'arrangent.

— Je ne comprends pas.

Il démarre.

— Tu verras, tout reprendra son cours normal. Sous l'œil vigilant de Berthe. On n'a pas à s'inquiéter. Des fois, des gens perdent la tête. Ça m'est arrivé à moi aussi.

Cette histoire est finie. Et tu t'es trouvé quelqu'un de bien comme amie.

— Et toi, tu as encore secouru une demoiselle en détresse, lui rappelle-t-elle, amusée. C'est beau. C'est bien. Je t'aime.

Tout à coup, Boris sourit. Un grand sourire inattendu. Un sourire qu'il a rarement eu, sauf avec Jade et Dewi.

Il se tourne vers Daniel.

— Tu sais, je crois que je commence à me prendre d'affection pour les gens.

Jade lui serre le bras puis l'embrasse sur la joue.

— Ça, je le savais.

Dans la collection Graffiti

1. *Du sang sur le silence,* roman de Louise Lepire
2. *Un cadavre de classe,* roman de Robert Soulières, Prix M. Christie 1998
3. *L'ogre de Barbarie,* contes loufoques et irrévérencieux de Daniel Mativat
4. *Ma vie zigzague,* roman de Pierre Desrochers, finaliste au Prix M. Christie 2000
5. *C'était un 8 août,* roman de Alain M. Bergeron, Finaliste au prix Hackmatak 2002
6. *Un cadavre de luxe,* roman de Robert Soulières
7. *Anne et Godefroy,* roman de Jean-Michel Lienhardt, finaliste au Prix M. Christie 2001
8. *On zoo avec le feu,* roman de Michel Lavoie
9. *LLDDZ* , roman de Jacques Lazure, Prix M. Christie 2002
10. *Coeur de glace,* roman de Pierre Boileau, Prix Littéraire Le Droit 2002
11. *Un cadavre stupéfiant,* roman de Robert Soulières, Grand Prix du livre de la Montérégie 2003
12. *Gigi,* récits de Mélissa Anctil, Finaliste au Prix du Gouverneur Général du Canada 2003
13. *Le duc de Normandie,* épopée bouffonne de Daniel Mativat, Finaliste au Prix M. Christie 2003
14. *Le don de la septième,* roman de Henriette Major
15. *Du dino pour dîner,* roman de Nando Michaud
16. *Retrouver Jade,* roman de Jean-François Somain
17. *Les chasseurs d'éternité,* roman de Jacques Lazure, Finaliste au Grand Prix du Fantastique et de la Science-fiction 2004, Finaliste au Prix M. Christie 2004

18. *Le secret de l'hippocampe,* roman de Gaétan Chagnon
19. *L'affaire Borduas,* roman de Carole Tremblay
20. *La guerre des lumières,* roman de Louis Émond
21. *Que faire si des extraterrestres atterrissent sur votre tête,* guide pratique romancé de Mario Brassard
22. *Y a-t-il un héros dans la salle ?,* roman de Pierre-Luc Lafrance
23. *Un Livre sans histoire,* roman de Jocelyn Boisvert
24. *L'épingle de la reine,* roman de Robert Soulières
25. *Les Tempêtes,* roman de Alain M. Bergeron
26. *Peau d'Anne,* roman de Josée Pelletier
27. *Orages en fin de journée,* roman de Jean-François Somain
28. *Rhapsodie bohémienne,* roman de Mylène Gilbert-Dumas

Achevé d'imprimer
sur les presses
de AGMV-Marquis
en janvier 2005